Prostitution
unter den Völkern der alten und neuen Welt

REPRINT – VERLAG
LEIPZIG

Die zum Teil geminderte Druckqualität ist auf den
Erhaltungszustand der Originalvorlage zurückzuführen

Volker Hennig, Goseberg 22-24, 37603 Holzminden
ISBN 3-8262-1602-4

Reprint der Originalausgabe von 1874
nach dem Exemplar des Verlagsarchives

Lektorat: Andreas Bäslack, Leipzig
Einbandgestaltung: Jens Röblitz, Leipzig
Gesamtfertigung: Westermann Druck Zwickau GmbH

Die
Prostitution
unter
den Völkern
der alten und neuen Welt,
geschichtlich und staatsrechtlich
dargestellt.

Stuttgart.
1874.

Vorwort.

Man muß die Licht- und Schattenseite des Menschen aus seiner Geschichte kennen, wenn man mit klarer Ansicht über seine Verirrungen urtheilen will; man muß mit der Scheuslichkeit des Lasters, mit den physischen und moralischen Verwüstungen der Wollust nicht unbekannt sein, wenn man sie verachten, hassen und ihren verführerischen Lockungen widerstehen will. Darum riethen Montaigne und Rousseau, ein Lehrer solle seinen Zögling selbst ins Freudenhaus führen, um ihm die eckelhafte Entweihung des süßesten aller Triebe zu entschleiern, um ihm Abscheu vor der Wollust einzuflößen.

Sollte es nicht zu einem ähnlichen Zwecke dienen, oder sollte derselbe nicht vielmehr auf einem besseren Wege erreicht werden, die Ausschweifungen und ihre Folgen in nackter Gestalt zu schildern, wie sie sich in der Welt gefunden haben und noch immer finden, und sollte nicht Mancher, ehe er sich vom Strudel hinreißen läßt, dadurch zum Nachdenken gebracht werden, und vor der Abscheulichkeit des Lasters erschrecken?

Wir fürchten daher den Vorwurf der Rigoristen nicht, ein Gemälde aufgestellt zu haben, das mehr geeignet sey, Begierden aufzuregen als zu unterdrücken. Wir könnten sie auf unzählige Gegenstände verweisen, welche unsere Phantasie in unaufhörliche Aufregung bringen; wir könnten sie auffordern, folgerecht die Versittlichung des Menschen da anzufangen, wo schleichendes Gift sich unter den Rosen der Lust verbirgt. —

Das nackte Laster muß überall vor seiner eigenen Häßlichkeit erröthen.

Der Herausgeber.

Geschlechtsausschweifungen unter den Völkern der alten Welt.

In der Blüthenzeit der Aegypter war die Buhlerei der Weiber ein öffentliches Gewerbe, eine durch den Götzendienst geheiligte Sitte. Der Tempel der Isis war der Mittelpunkt aller sinnlichen Lüste der Priester. Hier genossen diese geheiligten Betrüger im Namen der Götter alle Wollüste, entehrten Frauen uud Jungfrauen. Bei ihren öffentlichen Festen wurde der Phallus als geheiligte Gottheit angebetet, und ihm zu Ehren überließ man sich der thierischen Geschlechtslust. Die Bachantinnen zu Mendes verehrten einen geheiligten Bock. Die Rechte der Buhlerinnen hatten sich zu einem solchen Ansehen erhoben, daß sie sogar für die glücklichen Träume, die sie bei ihren Liebhabern erregten, den gewöhnlichen Preis ihrer Umarmung forderten, und ihre Ansprüche bis zum Throne der Pharaonen verfolgen durften. Die Buhlerin Thonis war von einem vornehmen Aegypter bis zur Raserei geliebt. Aber die Befriedigung seiner Wünsche wurde ihm versagt, weil er vielleicht die Reue zu theuer erkaufen sollte. Endlich ergab sich ihm die heiß Geliebte — im Traume, und mit diesem eingebildeten Genusse verschwand plötzlich sein verliebter Wahnsinn. Als Thonis diese Ursache seiner Kälte erfuhr, verlangte sie für den geträumten Genuß den Preis einer wirklichen Umarmung. Die Sache kam vor das Tribunal des Bocchoris, und dieser König that folgenden Ausspruch. Verklagter solle die verlangte Summe vor Gericht auszahlen und dieselbe in einem Becken vor den Augen der Thonis hieher tragen lassen. Dieß hieß eingebildeten Genuß mit eingebildetem Preise bezahlen. Ganz Aegypten gab der weisen Entscheidung seines Pharao Beifall.

Die Schamlosigkeit der ägyptischen Weiber herrschte in allen Ständen. Potiphars Gemahlin entbrannte gegen Joseph, den jüdischen Jüngling und Sklaven. Cheops sah sich in Verlegenheit, die größte der Pyramiden zü vollenden. Mit der Ueppigkeit seines Volkes bekannt, gab er seine Tochter einem Jeden Preis, der zu dem ungeheuren Bauwerke Materialien herbeischaffte. Die Prinzessin bekam an dieser Art, ihren Namen zu verewigen, soviel Geschmack, daß sie sich nach Vollendung der Pyramide ihres Vaters entschloß, eine andere auf ihren eigenen Namen für gleichen Lohn zu erbauen. Ihr Vater hatte gegen dieses ruhmvolle Unternehmen nichts einzuwenden, und die erhabene Buhlerin gab sich jedem Aegypter Preis, der ihr einen Stein zu ihrem Bauwerke lieferte. Die letzte königliche Buhlerin war die durch ihre reizende Schönheit, durch ihre ausgezeichneten Geistesgaben und durch ihren verzweiflungsvollen Selbstmord gleich berühmte Kleopatra.

Treue Ehefrauen müssen in diesem Zeitalter eine Seltenheit gewesen sein. Ein Orakel, erzählt Diodor, hatte dem erblindeten ägyptischen König Pheron befohlen, seine Augen mit dem Wasser von einer Frau zu waschen, die nie einen andern, als ihren Mann umarmt habe. Der König fing seine Versuche bei seiner eigenen Gemahlin an und setzte sie bei vielen anderen fort, aber alles war ohne Erfolg. Endlich fand er eine gemeine Gärtnersfrau, die ihm auf die beschriebene Art sein Gesicht wieder gab. Er erhob sie zu seiner Gemahlin und ließ anderen, bei denen er vergeblich Hülfe gesucht hatte, hinrichten. Bezweifeln wir auch die Wahrheit dieser und anderer fabelhaften Ueberlieferungen, so müssen wir sie doch als eine die Sitten des Zeitalters bezeichnete Erscheinung gelten lassen. Wie ausgeartet jene waren, beweiset das Gesetz, die Leichname schöner jungen Frauen nicht eher als nach drei oder mehreren Tagen den Balsamirern zu überliefern, weil es kund geworden, daß sie von diesen geschändet wurden.

Die Hebräer. Aus den zahllosen Keuschheitsgesetzen, welche eines der wichtigsten Kapitel des mosaischen Kodex ausmachen, aus dem, unter dem Bilde der Ahala und Ahaliba *) entworfenen und mit starken Farben aufgetragenen Gemälde des Propheten Hesekiels leuchtet schon die Unkeuschheit der Hebräer hervor, wenn auch nicht die Geschichte ihre öffentliche Schamlosigkeit mit zahlreichen Beispielen belegte.

*) Das Bild deutet auf Juda und Israel, welche Hesekiel Kap. 23 mit zwei Huren vergleicht.

Eine Beischläferin war nach hebräischen Grundsätzen weder eine Hure, noch eine Konkubine nach unsern Begriffen. Gefiel es einem Hebräer, auf Verlangen seiner Frau, oder ohne ihre Einwilligung, eine seiner Mägde als Frau zu gebrauchen und sie zu sich in sein Bette zu nehmen, so nannte man sie ein Kebsweib. Die mit ihr erzeugten Kinder waren rechtmäßig und konnten mit den andern erben. Die Kebsweiber waren entweder israelitischer Herkunft oder im Kriege erbeutete Sklavinnen. Für beide gab Moses folgende Gesetze: Hat ein Herr eine seiner israelitschen Mägde als Beischläferin gebraucht, so soll es ihm nicht erlaubt sein, sie wie die Knechte im siebenten Jahre frei zu lassen. Will er sie nicht länger als Beischläferin behalten, so muß er ihr den Weg zum Ehestande erleichtern; verkaufen kann er sie aber nicht unter ein fremdes Volk. Kriegsgefangene mußten sich Haare und Nägel abschneiden, ihren Vater und Mutter einen Monat lang beweinen, und gleichsam ihrem Vaterlande absterben, ehe sie als Beischläferinnen das Bett eines Hebräers besteigen durften. Die jüdische Religion anzunehmen wurden sie nicht gezwungen, aber ihren Göttern durften sie nicht mehr opfern.

Außer dieser erlaubten Hurerei gab es bei den Hebräern noch eine vierfache Art von unerlaubter: erstens, wenn ein unverheirathetes oder unverlobtes Frauenzimmer sich einem Manne überließ; zweitens, wenn eine Verlobte dieß that; drittens, wenn sie eine öffentliche Hure ward, und viertens, wenn sie den Göttern zu Ehren Hurerei trieb. Aber nicht nur Hurerei, sondern auch Sodomiterei herrschte unter den Juden, so sehr auch Moses dagegen eiferte. Unter den Töchtern der Israeliten soll keine Hure seyn, d. h. Hurenhäuser, in denen entweder Weiber oder Männer zu unnatürlichen Lüsten feil waren; es soll kein Hurenlohn und kein Hundegeld in das Haus deines Gottes kommen, sagt Moses. Alle diese Verordnungen vermochten der in Laster versunkenen Nation nicht Einhalt zu thun. Selbst Väter boten ihre Töchter einem Jeden feil und die Habsucht der Priester empfing die Versöhnungsopfer bekehrter Buhlerinnen. Die feilen Weiber saßen an den Tempeln, an öffentlichen Wegen. Juda fand die listige Thamar verhüllt am Wege sitzend, und sprach sie, ohne sie als seine Schwiegertochter zu erkennen, um ihre Umarmung an, womit sie ihn gegen den Preis eines Bockes begünstigte. Gestraft wurde die Hurerei nur an einer Verlobten, die sich mit einem Andern verging, und an einer Priestertochter, die zur gemeinen Buhlerin herabsank, und das Amt ihres Vaters schändete; jene wurde gesteinigt, diese getödtet und verbrannt.

Unter den berüchtigten Weiberfreunden David und Salomo neigte sich der Jüdische Staat zu seinem Untergange. David war Ehebrecher und Mörder. Absalon beschlief öffentlich die Weiber seines Vaters. Salomo hatte in seinem Harem außer 700 Weibern noch 300 Kebsweiber, und ward in seinem Alter gegen dieselben so schwach, den ausländischen unter ihnen die freie Uebung ihres Götzendienstes nicht nur zu gestatten, sondern selbst daran Theil zu nehmen. Doch wußte er sich auch in diesen Verhältnissen mit seiner gewöhnlichen Klugheit zu benehmen. Zwei Huren wohnen in Einem Hause und bringen zu gleicher Zeit Knaben zur Welt, von welchen der eine stirbt. Die Mutter legt ihr todtes Kind in den Arm der schlafenden Mitbuhlerin, als sei es das ihrige. Es entsteht ein Streit über das Mutterrecht. Beide wenden sich mit dem freien Geständniß ihres Gewerbes an den Thron des Königs. Salomo befiehlt, das lebende Kind mit dem Schwerte zu theilen. Flehend wirft sich ihm die eine zu Füßen, während die andere auf Vollziehung des Ausspruchs besteht. Die wahre Mutter ist entdeckt, und Salomos weises Urtheil erschallt in ganz Israel. — Merkwürdig ist, daß man in der ganzen mosaischen Gesetzgebung weder die That noch die Strafe des Kindermordes findet. So groß muß die Mutterliebe selbst bei Buhlerinnen gewesen seyn. Merkwürdig ist's auch, daß selbst der königliche Psalmdichter ausdrücklich über die Krankheiten klagt, mit denen man in den Armen der Buhlerinnen beschenkt würde. Vergeblich setzten sich die wenigen Weisen des Volks der zügellosen Lasterhaftigkeit entgegen, die in den Pallästen mit frecher Stirne triumphirte, und von hier die Hütten der Niedrigen vergiftete. Nathan, der dem wollüstigen Herodes den Spiegel vorhielt, mußte den Tanz der königlichen Tochter mit seinem Kopfe bezahlen. So verhallten die warnenden Stimmen tugendhafter

Männer in der Wüste. Die Nation war reif zum Untergange. Sie sank als leichte Beute unter das Joch assyrischer und babylonischer Knechtschaft, und ward endlich von Pompejus auf ewig vernichtet.

Der Göttin Milytta, der Venus in Babylon zu Ehren wurden Feste gefeiert, denen Mädchen ohne Verlust ihrer Keuschheit nicht beiwohnen konnten. Wo die Priesterschaft den kindischen Volksglauben nach ihrem Gefallen lenken kann, da herrscht auch die Meinung, daß die Götter sich oft herablassen, sterbliche Weiber mit ihren Umarmungen zu beglücken. Die Priester des Balus, das Licht Gottes oder der Sonne, scheuten sich nicht, Wollust und Ehebruch zu heiligen, Weiber und Jungfrauen zu schänden, unter dem Vorwand, sie in die Arme des Balus zu führen. In dem Tempel dieses Gottes befand sich ein mit aller orientalischen Pracht geschmücktes Bette, worauf der Gott der Sonne ruhen sollte. Mit großem Gepränge führte man von Zeit zu Zeit eine der schönsten Frauen Babylons hierher, um in dem Prachtbette die Umarmung des vom Olymp herabsteigenden Balus zu erwarten und zu genießen. Die Priester spielten die Rolle des Gottes immer glücklich, weil die entehrte Frau alle Ursache hatte, das Bubenstück zu einem heiligen Wunderwerke zu erheben.

Jede Jungfrau mußte sich einmal in ihrem Leben im Tempel der Milytta einfinden, um demjenigen, der die Göttin für sie anrief, die Erstlinge ihrer Jungfrauschaft zu opfern. Sardanapal war, wie

Sueton vom Cäsar sagt, der Mann aller Weiber, und das Weib aller Männer. Er lebte nur, wie noch heute unsere asiatischen Sultane, für seine Beischläferinnen und Verschnittene. Um die Langeweile auszufüllen, nähete er mit ihnen purpurne Kleider, salbte und schminkte sich wie sie. Als die Medier sich gegen ihn empörten, hatte er den verzweiflungsvollen Muth, sich mit seinem ganzen Serail auf einem Scheiterhaufen zu verbrennen. Die Sittenlosigkeit der Babylonier hatte so weit um sich gegriffen, daß Väter ihre Töchter zur Hurerei vermietheten. Curtius bestätiget dieses nicht nur, sondern setzt hinzu, daß auch Ehemänner ihre Weiber andern für Geld überlassen hätten. Oeffentliche Buhlerinnen sowohl als Frauen vom ersten Range nahmen an den schwelgerischen Gastmalen der Männer Theil. Diese Orgien wurden nie beschlossen, ohne daß sich nicht die ganze Gesellschaft von allen Gewändern enthüllt und dem schamlosen Genusse thierischer Wollust überlassen hätte.

Ganz Persien war das Serail seiner Könige, denn aus allen Provinzen mußten ihnen die schönsten Mädchen zugesendet werden. Zwölf Monden lang wurden sie mit Balsam und Myrrhen gesalbet, ehe des Sultans Einladung zu einer Probenacht an sie erging. Gelang es ihnen, den abgestumpften Wollüstling zu entflammen, so setzte er ihnen am andern Morgen die Krone auf: ohne diesen Erfolg wurden sie verdammt, im Harem ihr Schicksal auf ewig zu beweinen. Die festlichen persischen Gastmale wurden jedesmal mit dem Genusse der Liebe beschlossen. Gegen das Ende der schwelgerischen Tafel wurden die Weiber zugelassen, und die Gäste entschieden über ihre Wahl.

Im alten Griechenland erwähnt schon Hesiod eines glattzüngigen Buhlengeschlechts, und sagt, wer einem Weibe vertraut, der vertraut Betrügern. Die Geschlechtsliebe war in den Augen der Griechen weiter nichts als physisches Bedürfniß. Die Ehe hielten sie für ein nothwendiges Uebel, dem sie sich aus patriotischer Pflicht unterzogen, dem Vaterlande statt ihrer künftige Vertheidiger zu hinterlassen. Schon in Solons Zeitalter hatte die Ueppigkeit beider Geschlechter in allen Ständen um sich gegriffen. Um die Tugend der Eheweiber zu sichern, verordnete er, daß sie bei Tage nicht anders als geputzt und des Abends nicht anders als mit Fackeln ausgehen oder ausfahren durften. Und um der Verführung der Jungfrauen vorzubeugen, erhob er den öffentlichen Dienst der Venus Pandemos zu einer Staatsanstalt. Er ließ ihr im Ceramikus einen prachtvollen Tempel bauen, wählte schöne Frauen zu Priesterinnen der Göttin und erlaubte diesen, den Genuß ihrer Reize einem Jeden feil zu bieten. Das Zeitalter fand diese Politik sehr lobenswürdig. „Du bist, sprach der Philosoph Philemon zu diesem Gesetzgeber, gegen alle Menschen wohlthätig; denn unter allen Sterblichen hast du zuerst wahrgenommen, was dem Staate heilsam war, und es ist billig, o Solon, daß ich es sage. Als du die Stadt mit Jünglingen angefüllt sahest, die den unwiderstehlichen Trieben der Natur folgten und unanständige Ausschweifungen begingen, stelltest du an gewisse Orte erkaufte Frauen hin, die allen gemein uud bereit waren.“ Damit aber den Ehefrauen bei dieser gesetzlichen Duldung der Buhlerinnen und Beischläferinnen oder Sklavinnen der eheliche Genuß nicht entzogen werde, befahl Solon den Männern, ihren Gattinnen des Monats wenigstens dreimal beizuwohnen.

In den ersten Zeitaltern nach Solon waren die Buhlerinnen den Sitten nicht sehr gefährlich. Es wurde lange für schimpflich gehalten, die Wohnungen der öffentlichen Mädchen zu besuchen. In Athen herrschte noch ein freier, unverdorbener Sinn. Die Nation hatte nicht ohne Anstrengung und Mühe den Glanz eines bessern Wohlstandes errungen. Durch Tapferkeit, Muth und Klugheit erfochten sie entscheidende Siege über die Perser. Der Tribut der besiegten Völker und der Bundesgenossen floß in Athen zusammen. Man verschwendete Millionen, um die Wohnungen der Götter, die öffentlichen Plätze, die Theater und Gymnasien zu schmücken, und jeder BürgerAthens fühlte sich glücklich und groß in dieser Betrachtung der Werke der Kunst. Dieß war das Zeitalter, wo sich ein hoher Schwung des Luxus und der Liebe zum Vaterlande aufs innigste verband, von welchem Plato sagt, daß es die Zeit der Herrschaft der Gesetze gewesen, daß die Athener zu der Zeit, als sie ihren Feinden am furchtbarsten gewesen, sich vor ihren eigenen Gesetzen am meisten gefürchtet, und als sie über andere Völker am weitesten geherrscht, ihren väterlichen Satzungen am willigsten Gehorsam geleistet hätten. So bereiteten die Heldengenies, Themistokles, Aristides, Cimon u. a. das üppige Zeitalter des Perikles vor. Mit dem glorreichen Cimonschen Frieden schwang sich Athen auf den höchsten Gipfel seines Glanzes. Die Kunst machte reißende Fortschritte, und schuf nicht etwa den Despotismus verewigende Denkmale, wie in Aegypten, sondern jene erhabenen Ideale der Schönheit, welche die Bewunderung aller Nationen und aller Jahrhunderte geworden. Ein Talent weckte das andere; der Philosoph bildete den Redner; von beiden lernte der Dichter; dem Dichter arbeitete der Künstler nach, und nie war zwischen Einbildungskraft und Verstand ein schönerer Bund geschlossen, als in dieser Zeit.

Indeß war es bei dem schnellen und starken Zuflusse der Reichthümer unvermeidlich, daß nicht einzelne mächtige und herrschende Häuser, z. B. Klinias, ungeheure Schätze sammelten. Im Umgang mit den Persern verschwand die Einfalt der Sitten immer mehr. Der verfeinerte Athener lernte die Kunst, asiatische Schwelgerei mit attischem Salze zu würzen. Wer den grenzenlosen Hang der griechischen Damen zum Putze und zur Gefallsucht kennen lernen will, lese Lucians Weiberhasser.

So schädlich die Ausschweifungen der Geschlechter für den Staat waren, so vortheilhaft für die Kunst war die weibliche Schamlosigkeit. Es war die erwünschteste Gelegenheit für eine griechische Schöne, zu den Idealen der Maler und Bildhauer ihre unverhüllten Reize darzustellen. Sie leisteten nicht nur dem Künstler, sondern sich selbst einen großen Dienst, denn der Ruhm ihrer Schönheit konnte auf keine bessere Weise über ganz Griechenland verbreitet werden. Verband sie Geist mit Schönheit, so lächelte ihr von allen Seiten glänzendes Glück entgegen: die schönsten Jünglinge wetteiferten um ihre Zärtlichkeit, der Dichter besang sie in seinen Oden, der Künstler verewigte sie durch seinen Meisel oder Pinsel, und der reiche Wollüstling legte sein Gold zu ihren Füßen. So stand eben die reizende Theodota, als sie von Sokrates und einigen seiner Schülern einen Besuch erhielt, einem Maler, ohne sich durch die Ankunft der Fremden im geringsten stören zu lassen.

Unter allen griechischen Schönheiten erhob sich keine auf die hohe Stufe des Ruhms, auf welcher Aspasia glänzte. Sie verband mit den Reizen des Körpers die seltensten Talente des Geistes. Die Bildung, die Griechenland ihr geben konnte, war bald vollendet. Sie selbst gab sie sich, indem sie ihren Umgang nur Männern gewährte, die in der Beredsamkeit und Staatskunst Meister waren. In diesen Wissenschaften brachte sie es bald so weit, daß sie ihren Lehrern selbst ein Orakel ward. Die vornehmsten Athener scheuten sich nicht, dieser berühmten Meisterin in der weiblichen Bildungskunst ihre Frauen und Töchter zuzuführen. Von jetzt an verschwanden immer mehr und mehr Riegel, Sklaven und Hunde vor den Thüren der Gynäceen. Sokrates besuchte oft diese Zauberin und lernte von ihr, seine Moral mit jener feinen Sitte zu schmücken, die ihm den Ruhm des größten Weisen seiner Zeit erwarb. Obgleich die Geschichte ihres Frühlings nur die Geschichte einer Buhlerin war, so war nie Eigennutz der Preis ihrer Begünstigungen. Sie hatte Liebhaber, um sich Freunde zu machen, ergab sich Männern, um über sie zu herrschen. Unter diesen befand sich Perikles. Der Glanz dieses Mannes blendete ihre stolze Seele, und bald vereinigte beide das engste Band der Liebe. Von diesem Augenblicke an war ihr Leben mit der politischen Geschichte ihrer Zeit verwebt. In ihren Armen wurden die Entwürfe ersonnen und beschlossen, denen Athen einen Theil seiner Größe und seines Verderbens verdankt.

Seit Aspasiens Zeiten war der Geschmack der Buhlerinnen auf den Ton der Philosophie gestimmt. Sie besuchten die öffentlichen Hörsäle der Philosophen und widmeten sich der Mathematik, Beredsamkeit, Philosophie und andern Wissenschaften. Die Griechen gaben ihnen den zartsinnigen Namen Hetären, Freundinnen; ob es gleich mehr Klassen solcher Freundinnen gab, so können wir sie doch nicht mit den Buhlerinnen unserer Zeit vergleichen. Sie entwarfen nach Art der Weltweisen Gesetzbücher, in welchen sie das Betragen ihrer Liebhaber besonders bei der Tafel bestimmten. Sie erwarben sich als Schriftstellerinnen und witzige Köpfe gefeierte Namen.

Sie wurden Gegenstände der Geschichte, und ihre Abenteuer und lustigen Einfälle gehörten zur Toilettenlectüre der feinen Welt.

Leontia war die Schülerin und Geliebte des Epikurs. Sie philosophirte am Morgen einer wollüstigen Nacht über die Natur der Liebe; sie wußte zu gleicher Zeit Vergnügen zu geben, zu genießen und zu analysiren; durch ihre Reize unterjochte sie die ganze Schule des Epikurs. Sie schrieb gegen den Theophrast ein philosophisches Werk, das Cicero seines Atticismus wegen lobt, und worin sie das System ihres Geliebten mit allem Scharfsinn vertheidigte.

Nikarete theilte ihre Stunden zwischen Mathematik und Liebe. Es war schwerer durch Gold als durch Auflösung einer algebraischen Formel ihre Gunst zu gewinnen. Der Philosoph Stilpo genoß ihre Zärtlichkeit und weihte sie dafür in alle Geheimnisse der Dialektik ein. Eine Hetäre zur Schülerin und Geliebten zu haben, war damals das sicherste Mittel, seinem System Glanz und Anhang zu verschaffen.

In Korinth standen die Hetären auf einer Stufe des Ruhms, worauf sie sich in keiner andern Stadt Griechenlandes erhoben hatten. Sie wurden als Priesterinnen der Venus verehrt, beteten ihre eigenen Gottheiten an, feierten ihre eigenen Feste und hatten ihre eigenen Tempel. Die Begriffe von der Allgewalt der Göttin der Liebe über die Herzen der Sterblichen hatten das Herkommen geheiliget, derselben Dienerinnen zu weihen, welche sie um ihre Huld anrufen mußten, wenn ein feindliches Schicksal ihre Republik bedrohte. Von welcher höhern Macht hätte auch wohl der, an zarten, blühenden Bildern der Phantasie so reiche Grieche mehr Unterstützung erwarten können, als von der Herzenslenkerin Aphrodite, der alle Wesen, Götter und Menschen huldigten, die des waffenschmiedenden Vulkans Gemahlin und des rauhen Mars geheime Freundin war? — Als Xerxes in Griechenland einbrach, versammelten sich alle Hetären in dem Tempel ihrer Göttin auf dringendes Verlangen der erschrockenen Korinther; hier, um ihren feurigen Patriotismus im höchsten Glanze zu beweisen, gelobten sie, allen siegreich zurückkehrenden Kriegern ihre zärtlichsten Umarmungen zu weihen. Die erfolgte Rettung des Vaterlandes ward durch ein meisterhaftes Gemälde verherrlichet, auf welchem man die ihre Göttin um Hülfe flehenden Priesterinnen sah, und darunter des Simonides Verse las, die den Ruhm dieser Retterinnen dankbar aussprachen. Ein solcher Triumph mußte dem in den mythischen Kultus so innig verwebten Orden der Hetären sehr günstig seyn und ihn zu einem desto höhern Glanze erheben. Selbst einzelne Bürger thaten das Gelübde, bei dem glücklichen Ausgange ihrer Unternehmungen, der Göttin eine gewisse Zahl von Dienerinnen zu weihen, und es kostete wenig Mühe, sie in Samos, Cypern und Ionien für diesen geheiligten Dienst zu erkaufen. Ungeachtet im reichen Korinth über tausend Hetären gezählt wurden, so waren sie hier doch nichts weniger als freigebig mit ihrer Gunst. Daher das Sprichwort: „nicht jedem glückt die Reise nach Korinth“ *).

Lais in Korinth verdunkelte durch ihre idealische Schönheit alle ihre Nebenbuhlerinnen. Fürsten, Priester, Philosophen und Athleten huldigten ihrer Schönheit. Ganz Griechenland, sagt Properz, lag vor den Thüren der korinthischen Lais. Selbst Demosthenes reiste insgeheim nach Korinth, um eine von Lais Nächten zu genießen. Aber der Preis, 10,000 Drachmen (2250 Thlr.), war ihm zu hoch; nein, sagte er, das hieße seine Reue zu theuer erkaufen (pönitere tanti non emo). Doch bestimmte niedriger Eigennutz nicht immer ihre Neigung; sie hatte eine rasende Liebe zu dem Cyniker Diogenes, der, außer seiner Laterne und Tonne, nichts in der Welt besaß. Weniger glücklich war Aristipp, der unermeßliche Summen verschwendete, um ihre Launen zu befriedigen.

Lais hatte eine so hohe Meinung von der Gewalt ihrer Reize, daß sie bei dem kältesten Manne das Feuer der Liebe zu erregen glaubte. Sie wettete sogar, über die Enthaltsamkeit des strengen Xenokrates

*) Non cuivis oder non omnibus licet adire Corinthum, oder wie Horaz in seinen Briefen sagt: non cuivis homini contingit adire Corinthum. Man deutet dieses gewöhnlich auf die Lais, die nur um Talente feil war; andere wollen darunter die Fahrt nach Korinth verstehen, die wegen der vielen verborgenen Klippen im Meere gefährlich war.

zu siegen. Unter dem Vorwand, von Mördern verfolgt, flüchtete sie in die Wohnung dieses Philosophen und flehte um Aufnahme. Sie brachte die Nacht bei ihm zu, und Xenokrates blieb unbewegt bei seinen Büchern. Als sie die Wette bezahlen sollte, antwortete sie: „sie habe blos gewettet, über einen Menschen, aber nicht über eine Statue zu triumphiren.“ Es fehlte nicht an Spöttern, die sich über die gedemüthigte Lais lustig machten; sie rächte sich dafür an dem siebenzigjährigen Miron. Vergeblich hatte dieser um ihre Gunst alles aufgeboten. Er schob die Schuld auf sein Alter, und erschien eines Tages in dem jugendlichsten Schmucke, mit braungefärbten Haaren im Tempel dieser Göttin. „Unsinniger, rief Lais ihm entgegen, wie kannst du heute etwas von mir fordern, das ich gestern deinem Vater abschlug.“ — Am Flusse Penëus wurde ihr ein prachtvolles Grabmal errichtet.

Fast in demselben Zeitalter lebte Phryne. Jung und arm kam sie nach Athen, wo sie Anfangs mit Kapern handelte. Bald entwickelte sie aber so viel körperliche Reize und geistige Talente, daß sie von ganz Athen bewundert wurde. Sie verstand die Kunst, den Anblick ihrer Reize nicht zur Unzeit zu entweihen. Am Feste des Neptuns bei Eleusis machte sie ganz Griechenland zum Zeugen ihrer idealischen Schönheit. Sie stieg nackt und mit aufgelöseten Haaren in das Gewässer des saronischen Meerbusens. Als sie sich an das Ufer erhob, schrieen alle: „Seht, die Venus steigt aus dem Meere.“ Apelles und Praxiteles waren unter der Zahl der staunenden Bewunderer; beide beschlossen, nach diesem Muster die Geburt der Venus darzustellen. Der erste malte nach ihr die Venus Anadyomene (die Hervorgehende), der andere arbeitete ihre Statue aus Marmor, die der Cnidischen Göttin geweihet wurde. Sie war mit lächelndem Antlitz, oder wie Wieland sagt:

— — halb abgewandt,
Und deckt mit einer Hand,
Erröthend in sich selbst geschmiegt,
Die holde Brust, die kaum zu decken ist.
Und mit der andern — was ihr wißt.

Man glaubte zu sehen, wie sich der Marmor dargestellt an dieser Statue bewegte. Die Anmuth und Fülle des Lebens war so täuschend, daß, nach Lucian, der Beschauer zuletzt seine Lippen auf die Lippen der Göttin drückte. Von diesem Augenblicke an war der Sieg der Bildnerei über die Malerkunst entschieden.

Phryne opferte alle ihre Liebhaber dem Praxiteles auf, nicht weil er ein schöner Mann, sondern weil er Praxiteles war. Er liebte sie bis zur Schwärmerei und gestand, nie eine vollkommenere Schönheit gefunden zu haben. Zum Beweise seiner Liebe verlangte sie einst das vorzüglichste Werk seiner Kunst. Praxiteles gab ihrem Wunsche nach, unter der Bedingung, sich es selbst zu wählen. Bei dem Anblick so vieler Meisterstücke unschlüssig, sinnt sie auf eine List. Sie gewinnt einen Sklaven und in dem Augenblick, da Praxiteles sie sucht, kommt jener mit der schrecklichen Nachricht, daß in seiner Werkstatt Feuer ausgebrochen und bereits den größten Theil seiner Kunstwerke zerstört habe. „Ich bin verloren, ruft Praxiteles, wenn man den Amor und Satyr nicht rettet!“ Fasse dich, sprach Phryne lächelnd zu dem bestürzten Künstler, eine falsche Nachricht hat dich getäuscht, und du selbst hast nun meine Wahl entschieden. Sie nahm die Statue des Amor, und ließ sie, nicht etwa in ihrem Schlafgemache, sondern in einem Tempel ihrer Vaterstadt aufstellen.

Auf gleicher Stufe des Ruhms standen Thais, Hiparchia, Leäno, Lamia und viele andere Hetären. Ihre Zahl hatte sich schon bald nach dem Zeitalter Solons so stark vermehrt, daß sie die Aufmerksamkeit der Republik erregten. Ein griechischer Financier machte den Vorschlag, die Hetären einer Kopfsteuer zu unterwerfen und diese zu verpachten. Der Areopag wollte sich eben diese ergiebige Finanzquelle eröffnen, als ein Philosoph vor denselben trat und bewies, daß diese Abgabe nicht denen, die sie zahlten, schimpflich, sondern dem, der sie einnehme, ein ewiger Schandfleck sei. „Man sieht, sagt er, eure Schatzräthe kennen die ersten Regeln der Staatsrechenkunst nicht; denn die Taxe, die ihr auf diese Weiber legen wollt, ist im Grunde eine Taxe, die auf die Athener selbst fällt. Man wird euch mit eurem eigenen Gelde bezahlen. Am Tage werdet ihr euch für reich dünken, und des Nachts werdet ihr weit ärmer sein. Ueberhaupt, fuhr er fort, ist es unsinnig, Handelsleuten, sie mögen seyn, welche sie wollen, eine Kopfsteuer aufzulegen, denn sie erhöhen sogleich den Preis ihrer Waaren, und am Ende findet sich, daß es eigentlich der Käufer ist, der die Steuer des Verkäufers bezahlt."

Diese Gründe fanden jedoch keinen Eingang. Die athenischen Geldschaffer konnten einer so bedeutenden Auflage nicht entsagen. Sie war noch zu Demosthenes Zeiten in voller Kraft. Unstreitig veranlaßte diese Kopfsteuer die athenischen Buhlerinnen, sich selbst zu taxiren, und am Eingange ihrer Zimmer die Dauer der Zeit und die Art des Genusses ihrer Reizungen tarifmäßig zu bestimmen.

In keinem Zeitalter, bei keinem einzigen Volk der Erde finden wir das Gepräge von Größe und Ruhm, welches sich die Buhlerinnen von Athen, Korinth, Theben 2c. zu geben wußten. Ihre Wohnungen waren die Tempel der Künste, der Talente, der feinsten Sitte, waren Sammelplätze der berühmtesten und geistreichsten Männer. Wer nennt einen zweiten Apelles, Praxiteles, der bei einer zweiten Phryne die Darstellung idealischer Schönheit, einen Epikur, der bei einer Leontia das Wesen der Glückseligkeit bestimmen, einen Sokrates, der bei einer Diotime über die Natur der Liebe philosophiren, einen Perikles, der in den Armen einer Aspasia die Kunst zu regieren lernt? Wir werden weiterhin nur einer einzigen ähnlichen, der Aspasia der Franzosen, der Ninon de l'Enclos, erwähnen.

Woher diese Erscheinung in Griechenland? Ausgang natürlicher Ursachen. In den älteren Zeiten war das Leben der griechischen Frauen und Jungfrauen mit ihren Mägden auf ihre Gynäceen beschränkt, von aller Erziehung, allem Unterricht, allem Umgange mit Männern ausgeschlossen. Kein Wunder, daß der lebensfrohe, von Stufe zu Stufe höherer Bildung zueilende Grieche um so unwiderstehlicher in die Arme jener Grazien hingezogen wurde, da er bei den frei gebornen, aber geistlos erzogenen ehrbaren Griechinnen den höhern Genuß in der Liebe nicht finden konnte, wäre ihm nicht schon ohnehin der freiere Umgang mit ihnen versagt gewesen. Die Denkungsart des damaligen Zeitalters bezeichnet folgende Stelle beim Demosthenes: eine Freundin für den Umgang, eine Beischläferin für den Genuß, eine Frau zur Erzeugung freigeborner Kinder und für das Hauswesen *). Der milde Himmelsstrich, der vaterländische Boden, der alle Reize in sich vereinigte, der alles belebende Schönheitssinn, der religiöse Cultus vollendeten das Gepräge hellenischer Bildung. Griechenlands Götter waren nicht wie in Asien in ein heiliges Dunkel gestellt; sie waren in ihren Fehlern und Tugenden menschlich, standen aber höher als die Menschen. Und endlich befahl kein Gesetz die Keusch-

*) Daß dieser Geschmack unsern Zeitgenossen nicht ganz fremd ist, bezeugt das Beispiel eines geistreichen Mannes, der eine solche Freundin hatte und nach dem Tode seiner Gattin von einem Vertrauten aufgefordert wurde, sie zu heirathen. Er antwortete: wo soll ich aber dann meine müßigen Stunden zubringen? —

heit. Verlorne Unschuld wurde zwar streng bestraft, aber der Verführer freute sich seines Siegs ohne das Gefühl eines begangenen Unrechts, und brachte den Göttern Opfer und Geschenke, als ob er die rühmlichste Handlung begangen hätte.

Athen vergaß seiner Ahnen hohen Sinn über den Ruhm, das liebenswürdigste Volk der Erde zu seyn. Pracht und Verschwendung in Wohnungen und Geräthen, Schmuck in Gewändern, Schwelgerei in den Gastmalen entnervten den Körper und weckten unaufhörlich neue Begierden nach Sinnengenuß. Asiatische Laster mit allen ihren Greueln herrschten in allen Ständen. Alles, was Natur und Kunst in Sicilien und Italien, in Cypern und Aegypten, in Lydien, in Pontus, Peloponnes ꝛc. hervorbrachte, floß in Athen zusammen. Man begeisterte sich nicht nur durch das Feuer griechischer Weine, sondern genoß häufig Speisen, welche den Geschlechtstrieb reizten. Buhlerinnen und Spaßmacher erschienen bei den Tafeln, um die Sinne zu berauschen und den Tischgenossen Gegenstände des Witzes oder vielmehr der frechen Zunge darzubieten. Auch wurde die Sinnlichkeit und Reizbarkeit durch die üppigsten Gruppen entflammt, welche die Maler öffentlich darzustellen sich nicht scheueten. Unter Parrhasius im Zeitalter des Sokrates arteten die wollüstigsten Situationen in schmutzige eckelhafte Scenen aus: er stellte die Atalanta vor, sich den scheuslichen Ausschweifungen lesbischer Weiber überlassend.

Gehäufte Privatschätze zeugen in allen Staaten

stolze Egoisten und niedrige Sklaven. Sie sind die Grabhügel der entflohenen Vaterlandsliebe. Athens kriegerischer Geist war dahin, als ein Dekret, bei Todesstrafe der Widersetzung, den Kriegsfond zur Unterhaltung der Schauspiele bestimmte. Philipps schlauer Politik gelang es, feile Griechen zur Zwietracht zu erkaufen, und die Schlacht bei Chäronea vollendete den Sturz der Nation von ihrer glänzenden Höhe; ein Rest von Freiheit ließ der Nation noch so viel Kraft, um sich selbst aufzureiben. Phrynen und Aspasien waren nun verschwunden; und die Zahl gemeiner und raubsüchtiger Buhlerinnen hatte in dem Maße zugenommen, als niedriger Sklavensinn und Despotismus von Macedonien aus über Griechenlands Fluren wehete.

Lykurg, der spartische Gesetzgeber, bildete einen Staat, dem er alle Gesetze der Natur unterordnete. Er wollte den Muth und die Tapferkeit seiner Bürger zu einem Grade steigern, der sie unüberwindlich machte. Die Geschlechtsliebe war in seinen Augen ein bloßes Mittel, dem Staate kraftvolle Bürger zu geben. In Folge dieses ward das Heiligthum der Ehe aufgeopfert und jedem kraftvollen, schönen und tapfern Sparter erlaubt, sich eines Andern Gattin für einige Nächte auszubitten, um die Familie mit seinem Blute zu veredeln. Selbst alte, kraftlose Männer führten wohlgebildete Jünglinge in die Arme ihrer Weiber, und diesen fiel es nicht ein, ihnen einen Korb zu geben. Die Körper der Jungfrauen wurden wie die der Jünglinge durch gymnastische

Uebungen, Tanzen und Ringen abgehärtet, um starke und gesunde Kinder leicht zu gebären. Zu dem Ende war ihre leichte, schmucklose Kleidung auf beiden Seiten unter dem Gürtel offen. Es stand in ihrer Gewalt, bei der geringsten Bewegung die reizendsten Formen zu enthüllen, wenn bei dieser Erziehung der spartischen Schönen Eroberungssucht vermuthet werden könnte. Bei gewissen Spielen kämpften Jünglinge und Mädchen nackt miteinander und es scheint nicht bedeutungslos, daß als Zuschauer die Hagestolzen ausgeschlossen waren. Vor dem dreißigsten Jahr durfte der Mann, vor dem zwanzigsten die Jungfrau nicht heirathen. Die mannbaren Mädchen wurden in einem finstern Orte zusammengebracht und die Jünglinge mußten ihre Bräute nehmen, wie sie ihnen das Glück in die Hände spielte. Die jungen Männer durften ihre Frauen nur des Nachts, und nur verstohlen besuchen. Dadurch wurde ihre Liebe neu und lebendig erhalten. So war Alles auf eine gesunde, kräftige Nachkommenschaft berechnet. Alle Schwelgerei war von den Tafeln der Sparter verbannt, woran alle öffentlich speiseten und zum Hauptgerichte die schwarze Suppe hatten. Die Heloten mußten das Feld bauen, und der spartische Bürger, im Kriege oder daheim, kannte kein anderes Interesse, als seine Unabhängigkeit. Eine solche Lebensweise mußte den entschiedensten Einfluß auf gleiche Stimmung der Gemüther hervorbringen. Vierhundert Jahre blieb Sparta bei dieser Verfassung, bei seiner Armuth, Einfalt der Sitten und Gemeinschaft der Güter glücklich *). Aber die Zeit mußte kommen, wo das politische Phantom verschwand. Lykurgs Verfassung war nicht auf die Natur, nicht auf die unveräußerlichen Rechte des Menschen gebaut. Der Mensch war ihm Mittel zum Zweck, nicht Zweck selbst. Darum mußte der menschliche Geist die Fesseln zerbrechen, unter denen alle sittliche Freiheit erstorben war; und darum mußte sich die hochgerühmte Freiheit und Sittenreinheit der Sparter und Sparterinnen in zügellose Frechheit verwandeln, schon lange vorher, ehe sie ihren Nacken unter das römische Joch beugen mußten.

Unter den Veranlassungen zu den Ausschweifungen der Weiber war die lange Abwesenheit der Männer keine der unbedeutendsten. Als die Lacedämonier die Messener bekriegten, hatten sie einen eidlichen Bund geschlossen, nicht eher in ihr Vaterland zurückzukehren, als bis sie den Tod ihres Königs gerächt hätten,

---

*) Als Lykurg seine Gesetzgebung vollendet hatte, ließ er alle Bürger den feierlichen Eid schwören, daß sie vor seiner Zurückkunft nichts an den eingeführten Gesetzen ändern wollten. Er begab sich nach Delphi und vernahm von dem Orakel: „Sparta wird der blühendste Staat bleiben, so lange es seine Gesetze beobachten wird.“ Diesen Ausspruch sandte er nach Lacedämon und begab sich freiwillig in die Verbannung, starb zu Elis eines freiwilligen Hungertodes und befahl, seinen Leichnam zu verbrennen, die Asche ins Meer zu streuen, damit sie nicht nach Sparta zurückgebracht werden und das Volk sich seines geleisteten Eides für entbunden halten könnte.

welcher, als er zu Messena opferte, erschlagen wurde. Die spartischen Damen, die nur Kinder und Greise in ihrer Mitte hatten, der langen Abwesenheit ihrer Männer überdrüssig, sandten Abgeordnete an die Armee, mit der Vorstellung, die Männer möchten die Sorge für ihre Nachkommenschaft nicht ganz und gar vergessen, und sobald als möglich nach Hause kommen. Nach gehaltener Berathschlagung über diese Aufforderung wurde beschlossen, fünfzig junge rüstige Männer mit dem Auftrage abzuschicken, das Fortpflanzungsgeschäft mit allen Weibern und Jungfrauen in Sparta auf das fleißigste zu betreiben, welches, wie Strabo und Justin bemerken, pünktlich ausgeübt wurde.

In unaufhörliche Kriege mit den verdorbenen Griechen, Persern und Barbaren verwickelt, und also von dem Wirkungskreise der vaterländischen Gesetze und ihrer Aufseher entfernt, mußte die Reinheit und Einfalt der spartischen Sitten verschwinden. Der edle, kriegerische Karakter verkehrte sich in unersättliche Eroberungs- und Raubsucht. An die Stelle der Armuth, Genügsamkeit und Nüchternheit, die einzigen Stützen ihrer Verfassung, trat Habsucht und Schwelgerei, und ihre politische Größe neigte sich zum Untergange.

Der ehrbegierige Lysander hatte zuerst die rauhe Strenge der lacedämonischen Sitten zu den feinen Künsteleien des Luxus geformt. Er erfocht glänzende Siege in Attika und Kleinasien, und dieses war genug, dem schwachen Handhaber der spartischen

Gesetze die Augen zuzudrücken. Er hatte in kurzer Zeit, siegreich von Athen zurückkehrend, eine Summe von zweitausend Talenten an Gold und Silber in Sparta zusammengehäuft. Das Tribunal der Ephoren widersetzte sich zwar den gefährlichen Reichthümern, aber Lysander sagte, ich habe sie nicht für die Bedürfnisse der Bürger, sondern für das gemeine Beste bestimmt, und das Tribunal schwieg.

Die Keime der Verderbniß, die durch Lysanders Gesetze in die Herzen der Weiber gepflanzt wurden und bisher geschlummert hatten, brachen nun mit unwiderstehlicher Gewalt hervor. Die vornehmsten Wittwen sah man auf dem Theater in Mienen- und Geberdenspiel und Sprache den verworfensten Pöbel nachahmen. Selbst die Königinnen von Sparta errichteten, der Wachsamkeit der Ephoren ungeachtet, in der Stadt des Mars unzählige Altäre zur Ehre der Venus.

Eine spartische Königin entbrannte von der heftigsten Leidenschaft gegen Alcibiades, und dieser verbannte herumirrende Abenteurer, der nichts besaß, als seinen Kopf und seine Schönheit, bestieg das Ehebett der Herakliden.

Obgleich den Ephoren die strenge Pflicht aufgelegt war, die Königinnen nie aus den Augen zu lassen, damit das Geblüt ihrer Regenten sich nicht mit dem eines Sklaven oder eines Priesters, oder eines Eselstreibers vermische, sagten doch zwei Könige eidlich aus, daß sie nicht Väter der Kinder wären, die ihre Gemahlinnen geboren hatten.

Im Zeitalter des Aristoteles war Ehebruch so allgemein, daß fast eine völlige Gemeinschaft der Weiber entstand, und Ehebruch war so wenig entehrend, daß alle Sparterinnen ein ehebrecherisches Weib und einen schönen tapfern Ehebrecher beneideten, ja bei ihnen die allgemeine Aufmunterung fand, seine Verbindung nur fortzusetzen, um dem Staate gleiche Söhne zu schenken.

Die ungebildeten Seelen der spartischen Weiber waren von wollüstigen Leidenschaften so tyrannisch beherrscht, daß keine Schaam ihnen Zurückhaltung einflößte. Frauen und Jungfrauen entehrten sich selbst, und ihre Männer und Väter verdarben Jünglinge und Mitbürger. Ich kann vor der ganzen Welt gestehen, sagt der berühmte griechische Arzt Galen, daß ich gegen meine eigene Mutter einen unaussprechlichen Haß gefaßt hatte, denn sie war in ihren Anfällen von Wuth so fürchterlich, daß sie ihre eigenen Sklavinnen wie ein wildes Thier biß, und das Blut stromweise aus ihrem Munde floß. Galens Mutter war aus einer vornehmen Familie; die Mannswuth (Andromanie oder Nymphomanie) war also auch unter den Weibern der höhern Stände eingerissen.

Die Dichterin Sappho, geboren auf der Insel Lesbos, ward nicht weniger berühmt durch ihre unnatürliche Liebe zu ihrem Geschlecht, als durch ihr poetisches Talent. Nach dem Tode ihres Gatten entsagte sie der Ehe, aber nicht der Liebe. Selbst in ihren zärtlich schmachtenden Versen verräth sich die Leidenschaft einer Tribade, dessen ungeachtet entbrannte sie von der heftigsten Leidenschaft zu Phaon, einem der schönsten Jünglinge. Aber die schöne Dichterin war nie ein schönes Weib gewesen. Sie war jetzt Wittwe und auf der Rückkehr ihres Lebens. Während ihrer Wittwenschaft war sie übel berüchtiget worden, und die Liebe verliert bei dem Manne ihren Reiz, wenn sie aufgedrungen wird. Sei es nun aus Entkräftung oder aus Gleichgültigkeit, ihr geliebter Phaon ward ihrer überdrüssig und verließ sie. Verzweiflungsvoll, weder mit ihm noch ohne ihn glücklich zu sein, unterlag sie dem doppelten Gewichte einer Seele und Körper zerrüttenden Leidenschaft. Sie nahm ihre Zuflucht zum laukadischen Sprunge und fand in den Wellen das Ende ihrer Qual. —

Nie haben in irgend einem Winkel der Erde so viel scheußliche Laster zusammen geherrscht, als in Rom zur Zeit des Untergangs der Republik und unter den Cäsaren. Sulla war der erste, der, um die Freuden der Tafel zu erhöhen, ganze Banden von Sängern und Sängerinnen, Tänzern und Tänzerinnen, Schauspielern und Schauspielerinnen unterhielt, welche die Gäste nicht nur mit ihren unsittlichen Künsten, sondern auch mit ihrer reizenden Schönheit ergötzen mußten. Diese Klasse von Dienern und Dienerinnen der Sinnlichkeit waren den römischen Wollüstlingen so unentbehrlich, daß sie dieselben auf ihren Reisen und selbst in den Krieg mitnahmen.

Die Weiber und Töchter der Vornehmen und Reichen waren eben so leer an Tugend, als ihre

Männer, Väter und Brüder schamlos. Die physische und moralische Erziehung der Frauen entsprach dem Geiste des Zeitalters. Es wurde alles an ihnen ausgebildet, was ihre Schönheit anziehender und die Reize ihres Umgangs verführerischer machen konnte. Die Kunst, schön zu singen, zu spielen und zu tanzen, ihre Muttersprache eben so anmuthig als die Sprache der Griechen zu reden, war das vornehmste Studium einer Dame von gutem Tone.

Viele von ihnen waren in die Geheimnisse der Staatskunst eingeweihet, waren die Rathgeberinnen des Cicero und anderer großen Männer. Aber gewöhnlich waren ihre Herzen so verdorben, daß sie sich keines Frevels scheueten. Durch ihre grenzenlose Verschwendung in allen Gattungen von Ueppigkeit waren sie so tief in Schulden versunken, daß sie sich zum Meineid, zu Mord und Vergiftung erkaufen ließen. Um ihre Schulden zu tilgen, wucherten sie mit ihren Reizen, aber ihre Schulden wurden dadurch eben so wenig getilgt, als ihre Begierden gesättiget. Catilina fand unter ihnen seine thätigsten Mitverschwornen. Sie mußten die Sklaven aufwiegeln, und ihre Männer entweder in den Bund ziehen oder sie umbringen.

Vornehme Jungfrauen entbrannten von blutschänderischer Liebe gegen ihre eigenen Brüder. Mütter wurden die Nebenbuhlerinnen ihrer Töchter. Wittwen aus den ersten Geschlechtern unterhielten ohne Scheu junge Liebhaber und erschienen mit ihnen an öffentlichen Oertern und in Privatgesellschaften.

Ihr Gang, ihre Kleidung, ihre Sprache und Blicke verkündeten die frechste Buhlerei; ihre Häuser, Landsitze und Gärten waren die Wohnsitze der unzüchtigsten Wollust.

Ehebrüche waren so etwas Gewöhnliches, daß sie weder den Ehebrecherinnen Schande, noch den beleidigten Männern Schimpf brachten. Unter den berühmten Zeitgenossen Cicero's war keiner, der nicht die Weiber mehrer Männer verführt, oder dem nicht eine oder mehre Gattinnen untreu geworden. Catilina, Cäsar, Pompejus, Crassus, Antonius verstanden sich mit ihren Freunden sehr gut auf das Vergeltungsrecht. Ehebrecherinnen gingen aus den Armen ihrer Männer, welche sie verlassen hatten, in die Arme ihrer Liebhaber und Verführer, und solche gekrönte Männer ließen sich dennoch nicht abschrecken, bald wieder andere Genossinnen ihres Ehebettes zu nehmen.

Die grenzenlose unerschwingliche Prachtliebe der Weiber scheuchte den Mann vor dem Ehestand zurück. Vergeblich suchte Cäsar, während er sich selbst an die Spitze der Sittenpolizei setzte, und nach ihm August, vom ehelosen Stande und von Ehescheidungen durch harte Strafen und durch Belohnungen zur Ehe aufzumuntern. Wie tief muß die Sittlichkeit eines Volks gesunken, seine Gefühle abgestumpft seyn, wenn es der ersten aller gesellschaftlichen Tugenden nicht mehr fähig ist, wenn das eheliche Leben einer Aufmunterung bedarf, wozu die Natur so feierlich einladet! — Das Uebel lag in der Staatsverfassung, in dem grenzenlosen Luxus, in der verderblichen Erziehung.

Quintilian hat uns von der letztern in dem ersten Buche seiner Institutionen eine lebendige Schilderung hinterlassen.

Man kann unmöglich einen Blick auf das Gemälde der viehischen und unnatürlichen Lüste und Laster werfen, worin sich die gekrönten Wollüstlinge des ersten Jahrhunderts herumwälzten, ohne mit dem größten Abscheu gegen diese Scheusale der Menschheit erfüllt zu werden.

Unter dem Namen und der Gestalt eines Vaters des Vaterlandes erschlich der listige August mit der geschmeidigsten Heuchelei den Thron und ließ sich feierlich von der Beobachtung der Gesetze dispensiren. Alle seine Verheirathungen und Ehescheidungen waren Attentate gegen die öffentlichen Sitten. Er verstieß die Scribonia, die Mutter der Julia, an eben dem Tage, da sie mit dieser niederkam, und ehe noch die Sonne, welche diese Schandthat beleuchtete, unterging, raubte er die Livia ihrem Manne, als sie mit dem Tiberius schwanger war. Julia selbst, die Tochter der unglücklichen Scribonia, war vor seiner viehischen Brunst nicht sicher. Fast alle römischen Schriftsteller behaupten, daß Ovid keiner andern Ursache wegen in die rauhen Einöden von Scythien verbannt worden, als weil er den Tyrannen in Begehung der Blutschande mit seiner Tochter überrascht habe.

Um hinter die Familiengeheimnisse zu kommen, bediente sich August der Ehebrüche. Seine sklavischen Freunde versorgten ihn täglich mit neuen Genüssen. Alle römischen Damen, Hausmütter und Töchter, wetteiferten um die Ehre, eine Nacht in den kaiserlichen Armen zu schwelgen. Sie mußten sich erst entkleiden und alle ihre Reize sowie ihre geheimen Fehler untersuchen lassen, ehe sie des kaiserlichen Bettes werth geachtet wurden. Dann trug man sie in einer verdeckten Sänfte bis in das Zimmer Augusts. Daß es mit dieser Vorbereitung nicht immer so genau genommen wurde, geht aus folgendem Falle hervor.

Als eines Tages die Wahl dieses römischen Sultans auf die Gattin eines vertrauten Freundes, des Athenodorus, fiel, versuchte dieser Philosoph durch eine kühne That den Despoten zu bessern. Um seinem Souverain ein Verbrechen zu ersparen, zog er die Kleider der Römerin an, verhüllte sein Gesicht mit einem Schleier und ließ sich so in den Palast tragen. Der von Liebe trunkene August zieht begierig den Vorhang der Sänfte auf und erblickt statt der schönen Römerin den grauen Philosophen mit dem Schwerte in der Hand heraustreten. „Wie, sagt der stoische Weise, du fürchtest nicht, daß irgend ein geheimer Feind einmal auf den Einfall komme, die List zu gebrauchen, dir das Leben zu nehmen, die ich jetzt gebrauche, dich zur Tugend zurückzuführen?“ Als August sich von seiner Verwirrung erholt hatte, lächelte er, und dünkte sich ein großer Mann, dem Philosophen seine Kühnheit — zu verzeihen.

Das ärgste Denkmal der Verderbtheit Augusts ist das Fest der zwölf Gottheiten. Rom seufzte eben unter einer schrecklichen Hungersnoth, als der

Despot den Einfall bekam, in seinem Palaste mit seinen Gästen die bekannten Liebeshändel der griechischen Götter in Natura auf die schändlichste Art nachzuahmen. So machte er seinen Palast zu dem unzüchtigsten Bordell, vergiftete die Sitten des Volks und seiner eigenen Familie dergestalt, daß in zwei Menschenaltern, trotz aller künstlichen Adoptionen, die Familie der Cäsaren ausstarb.

Und diesen Menschen wagt der kriechende Horaz einen Beschützer und Verbesserer der Sitten und Gesetze zu nennen. Tacitus zeichnet diese niedrige Schmeichlerzunft mit einem Zuge, wenn er sagt: „Man muß denen, die einen Gott aus dem August machen, verzeihen, denn keiner von ihnen hat die Republik gesehen.“

Marcellus, Augusts Schwiegersohn, sah es mit gleichgültigen Augen an, daß seine Gattin, die Julia, eine Messalina wurde. Aber ihr Vater wollte sie durchaus auf den Thron setzen. Er gab sie daher seinem Liebling Agrippa zur Gemahlin, dem geduldigsten aller Hahnreie, den je die Sonne beschien. Julia antwortete denen, die sich wunderten, daß ihre Kinder ihrem Gemahl so ähnlich wären: „ich nehme nur fremde Passagiere auf, wenn das Schiff schon volle Ladung hat.“ Auch den Agrippa überlebte sie und ward nun dem Tiberius zu Theil. Dieser sah sich genöthigt, sie zu verstoßen, als sie eben schwanger war.

Julia hatte das feurige Temperament der Weiber, die durch den Genuß nur noch mehr gereizt werden.

Ihre Ausschweifungen gingen endlich so weit, daß sie allgemeines Aufsehen erregten. Ihr Vater, um den Verdacht der Mitschuldigkeit von sich zu entfernen, ließ ihr einen öffentlichen Prozeß machen. Seneca sagt, er habe alle ihre Ausschweifungen im kaiserlichen Palaste aufgedeckt und die zahlreiche Liste ihrer Liebhaber bekannt gemacht, er habe alle Plätze in Rom angezeigt, wo sie ihren nächtlichen Freuden geopfert habe. Die merkwürdigsten unter jenen waren die Rednerbühne, die der Vater wählte, ein Gesetz gegen den Ehebruch zu publiciren, und die Tochter, um einen zu begehen; ferner die Statue des Marsyas, wo Julie aus einer Ehebrecherin eine feile Metze ward. Sie wurde auf eine Insel an der Küste von Campanien verwiesen.

Tiberius, nicht zufrieden, mit dem Leben und Eigenthume seiner Unterthanen zu spielen, beleidigte die öffentliche Sittlichkeit mit einer Schamlosigkeit, von welcher man nur in dem Serail des alten Sardanapals einige schwache Spuren findet. Es befand sich zu Rom ein durch sein ausschweifendes Leben berüchtigter Greis, welchen August vormals für ehrlos erklärt hatte. Tiberius, der sich beim Antritte seiner Regierung vorstellen mußte, machte diesem Bürger in Gegenwart des ganzen Senats über seine Laster Vorwürfe. Aber schon am dritten Tage nachher speisete er des Abends mit ihm und der Bürger mußte, nach seiner Gewohnheit, von jungen nackten Mädchen die Gäste bei Tische bedienen lassen.

Die Insel Caprea war Tibers Lieblingsaufenthalt. Hier hatte er alle Künste und Werkzeuge unnatürlicher Lüste vereinigt; hier überließ er sich, von Roms Augen entfernt, dem Strome der schändlichsten Laster. In den zwölf Palästen und den Lustgärten, welche er hier auf das prachtvollste hatte anlegen lassen, waren besondere Kabinette zur Wollust eingerichtet, worin man eine Menge junger Leute beiderlei Geschlechts versammelte, die sich in seiner Gegenwart aller Art Genüsse überließen, um durch diese geilen Bilder seine erloschene Einbildungskraft und seine erschlafften Organe von neuem zu beleben. Er ersann sogar neue Wörter, um die unnatürlichen Reizungen, welche die monströsesten Vermischungen verschaffen, auszudrücken. Man versichert, daß sogar Kinder in der Wiege zuweilen die Werkzeuge und die Schlachtopfer dieser abscheulichen Wollüste gewesen sind; denn das Ungeheuer, welches immer nach Blut lechzte, wollte es auch mitten im Genuß seiner Lüste fließen sehen. — Er scheute sich nicht, einen Diener des Altars und dessen Bruder, während eines Opfers, zu schänden; und da diese beiden Unglücklichen ihm das Abscheuliche seines Verbrechens vorwarfen, so ließ er ihnen die Beine zerschlagen. — Widersetzte sich eine römische Dame seiner viehischen Brunst, so ließ er sie des Verbrechens der beleidigten Majestät anklagen. So selten zwar das Ausweichen bei solchen Anfällen in dem üppigen Zeitalter Roms gewesen sein mag, so gab es doch eine Mallonia, die sich in diesem Falle einen Dolch ins Herz stieß.

Voltaire erniedrigt sich zum Lobredner dieses gekrönten Tigers. Er sagt: das Volk war unter seiner Regierung ruhig. Aber auch in Kerkern lebt man ruhig.

Die Natur hatte den Caligula, wie Seneca sagt, gewählt, um zu zeigen, was ein Ungeheuer auf dem Throne vermag. Er ward schon früh in den Geheimnissen des scheußlichen Serails auf dem Capreischen Felsen eingeweiht. Unter seinen Ganymeden sind vorzüglich Lepidus, der Pantomime Mnester und der junge Catulus bekannt.

Keine Schöne in Rom blieb von diesem unersättlichen Wollüstling ungenossen. Er bat gewöhnlich die Männer mit ihren Weibern zu Gaste. Vor der Mahlzeit führte er die letztern in ein anstoßendes Kabinet, untersuchte ihre Reize wie auf den Märkten des Orients — auf das genaueste und befriedigte augenblicklich seine Begierde. Bei der Tafel war er schamlos genug, sich des empfundenen Vergnügens bei dem Genusse der einen zu rühmen, oder die versteckten Fehler der andern zu erzählen. So unterhielt er die zahlreiche Gesellschaft bei einem Gastmahl von den geheimen Fehlern und von dem Widrigen bei dem Genusse der Valeria, Gattin eines der würdigsten Consularen, die er eben entehrt hatte. — Mit seinen Schwestern, der Aggrippina, Lirilla, und besonders der Drusilla, trieb er Blutschande. Letztere schändete er schon, als sie kaum über die Kinderjahre hinaus war und als er selbst noch einen Kinderrock trug. Tiberius hatte sie an den Cassius vermählt; aber Caligula nahm sie, sobald er Kaiser ward, als seine rechtmäßige Gemahlin wieder zu sich. Sie starb in ihrer Lebensblüthe. Caligula ließ in dem Wahnsinn seiner Betrübniß die Tribunale verschließen und verbot allen Römern bei Todesstrafe, zu lachen, sich zu baden und mit ihrer Familie zu essen.

Caligula wurde zur Hochzeitsfeier des Piso mit der Orestilla eingeladen. Kaum erblickte er diese, als seine viehische Wollust gegen sie entbrannte. Er schleppte sie nach seinem Palaste und ließ, sich zu rechtfertigen, das freche Edict ergehen, daß er sich durch den Raub der Orestilla wie ein zweiter Romulus zu vermählen geruht habe. Nach einigen Tagen war er gesättiget. Er verstieß die Unglückliche, und als er erfuhr, daß sie zu ihrem Gattin zurückgekehrt sey, verbannte er sie an die Grenzen des Reichs.

Der feige Memius autorisirte den Tyrannen, seine Gattin Paulina zu heirathen. Aber dieser schickte sie bald fort, mit dem Verbot, nie eines andern Mannes Bette zu beschreiten. Die weder schöne noch junge Cäsonia war ihres unbändigen Hanges zur Wollust wegen die einzige, die er mit Beständigkeit liebte. Er fand, wie der alte Candaules, Vergnügen daran, sie seinen Günstlingen ganz nackt zu zeigen, aber leider war unter allen diesen kein Gyges, der Muth gehabt hätte, sie, Rom und die ganze Welt zu rächen.

Caligula ließ sogar, um keine Art von Plünderung zu vergessen, in dem kaiserlichen Palaste ein öffentliches Hurenhaus anlegen. Er ließ nämlich, wie

Tiberius in den Lustgärten von Caprea, abgesonderte Kabinette anlegen, möblirte sie auf das wollüstigste und bestimmte sie zu den Zusammenkünften der Wollüstlinge und Buhldirnen. Dieses abscheuliche Gewerbe der Majestät brachte ihm unermeßliche Summen ein. Nie liebkosete er seine Gemahlin oder ein anderes Frauenzimmer, ohne daß er ihr zugleich sagte: Der schöne Kopf muß doch herunter, sobald ich nur will. Auch sagte er zuweilen zu Drusilla: Ich habe beinahe Lust, Dich auf die Folter legen zu lassen, um von Dir zu erfahren, warum ich Dich so sehr liebe.

Vergeblich wird man in der ganzen Geschichte ein weibliches Ungeheuer aufsuchen, das man der Messalina an die Seite setzen könnte. Sie war die Gemahlin des feigherzigsten aller Despoten, des stumpfsinnigen Claudius. In den kaiserlichen Palast lud sie, wie in eine Art von Serail, die vornehmsten Römerinnen ein, wo sie sich der scheußlichsten Unzucht preisgeben mußten. Die Männer und Väter, die sich dieß gefallen ließen, erhielten Consulate und Gouvernements zum Lohn ihrer Schande. Wollten sie aber nur Lucretien und Virginien zu Weibern haben, so vergalt Messalina ihre Tugend durch einen Giftbecher oder einen Dolchstoß. Um ihre Buhler vor gefährlichen Folgen zu sichern, gebrauchte sie die Autorität ihres Gemahls. Als sie den Pantomimen Mnester weder durch Bitten noch Drohungen bewegen konnte, ihre viehische Begierde zu befriedigen, so ließ sie endlich den stupiden Sultan von Rom ein Document unterzeichnen, worin dem Mnester befohlen wurde, in allen Stücken der Messalina zu gehorchen.

Es war ihr nicht genug, ihre Liebhaber unter den gemeinsten Bootsknechten und unter den ehrlosesten Gladiatoren und Schauspielern auszusuchen, sondern sie strebte auch nach der Ehre, die erste Heldin ihres Geschlechts zu seyn. Sie nahm nach Plinius eine Wette mit einer ihrer tapfersten Zofen auf und triumphirte in vierundzwanzig Stunden fünfundzwanzigmal über sie. Sie besuchte aus grenzenloser Lüsternheit die schmutzigen Wohnungen ihrer feilen Mitschwestern, um sich diesen vollkommen gleichzusetzen. Juvenal entwirft hiervon folgendes kräftige Gemälde. „Das war also das Schicksal, welches die Nebenbuhler der Unsterblichen, die Cäsaren, erwartete! Kaum hatte der Schlaf die Augen des Claudius geschlossen, als Messalina, den Pflaum des kaiserlichen Bettes gegen ein elendes Lager verschmähend, von einer einzigen Vertrauten begleitet, aus dem Palast entwischte. Unter dem Schutze des Dunkels der Nacht, und unter dem Namen Lizisca *), schlich sie sich in eine Badstube, noch voll von dem stinkenden Qualm der Unzucht. Hier gab mit entblößtem Busen die von Gold schimmernde Messalina den viehischen Begierden der Lastträger Roms den Leib preis, der dich, edler Brittanicus, getragen hatte! Indeß liebkos't sie jeden,

---

*) Diesen Namen ließ sie nach dem Gebrauche aller übrigen Bewohnerinnen der Lupanarien an ihre Thüre schreiben.

der hereintritt, und fordert den gewöhnlichen Lohn ein: und wenn die Stunde kommt, da der Herr des Serails seine Buhldirnen fortschickt, ergrimmt sie über ihn. Glühend, noch länger zu genießen, ist sie die letzte, die vom Flecke weicht, um keinen Augenblick des Genusses zu verlieren. Sie geht endlich, mehr ermüdet als gesättigt (lassata sed non satiata abiit). Von der Lampe durchdampft und überher besudelt, bringt sie mit bleichen Wangen den Dunst dieses scheußlichen Orts auf das Kopfkissen des Kaisers zurück."

Auch Messalina beobachtete die alte römische Sitte, den Göttern Denkmale zu heiligen, die an glückliche Begebenheiten erinnerten. Sie weihete, wie Plinius erzählt, ihrem Schutzgott Priapus vierzehn Myrthenkronen, zum Zeichen der Siege, die sie über eben so viel zu sich eingeladene junge römische Athleten errungen hatte, die bei aller Kraftanspannung des Amors das Kampffeld beschämt räumen und ihr den Ruhm einer Unüberwundenen überlassen mußten, auf den sie stolzer war, als auf den Titel einer Gemahlin des Kaisers.

Bei der ungeheuren Menge von Liebhabern, welche Messalina bisher ohne Scheu und ungestraft gewechselt hatte, wurde sie endlich, wie Tacitus sagt, des einfachen Ehebruchs überdrüssig. Sie hatte schon längst den Aberglauben des Claudius durch die Furcht einer eingebildeten Gefahr, die seinem Leben drohe, in Schrecken gesetzt. Sie trieb nun ihre Verwegenheit so weit, daß sie ihn selbst den Ehecontract unterzeichnen ließ, welchen sie mit dem verehelichten Silius, einem ebenso vornehmen als schönen Römer, geschlossen hatte. Sie vermählte sich im Angesicht der ganzen Stadt und wählte hierzu den Zeitpunkt einer Reise, die Claudius nach Ostia machte. Indeß führte dieser letzte Zug von Frechheit Messalinens plötzliche Katastrophe herbei. Narciß, welcher schon lange darnach gestrebt hatte, den Claudius allein zu beherrschen, begab sich nach Ostia und brachte zwei Beischläferinnen des Kaisers dahin, Messalina anzuklagen. Sie mußten ihm seine Einwilligung in die Heirath mit Silius aus dem fürchterlichsten Gesichtspunkte darstellen und ihm sagen, daß er mit Abtretung der Hand seiner Gemahlin an einen Nebenbuhler zugleich das Reich abtreten würde. Dieß riß dem alten Sultan plötzlich die Binde von den Augen und er beschloß, das Attentat zu strafen, was er nicht Muth hatte, zu verhindern. In dem Augenblick, als er das Todesurtheil gegen das ehebrecherische Weib unterschrieben hatte, floh er in das Lager der Prätorianer, und den ganzen Weg fragte er immer ängstlich, ob er oder sein Nebenbuhler Kaiser sei?

Während sich das Ungewitter über Messalinens Haupte zusammenzog, feierte sie ganz sorglos, von der Wonne ihrer neuen Vermählung berauscht, im kaiserlichen Palaste und den Gärten der Cäsaren das Fest des Gottes der Weinlese. Silius mit Epheu bekränzt, den Silen vorstellend, und Messalina mit fliegenden Haaren, den Thyrsusstab mit dem nachgemachten Schlangenschwanz in der Hand, waren von einer Schaar vornehmer Buhlerinnen, die, mit Häuten von wilden Thieren bedeckt, wie Bacchanten wild umherrannten, begleitet. Indem alle sich den ausgelassensten Vergnügungen überließen, verbreitete sich auf einmal das Gerücht von der Ankunft des Kaisers. Der Palast verwandelte sich plötzlich in eine Einöde; alles zerstreute sich und Messalina, die jetzt zum erstenmal erschrack, entfloh in die Lucullischen Gärten.

Narciß kannte die Schwachheit seines Souveräns zu gut, um mit der Vollziehung der Todesurtheile keinen Augenblick zu säumen. Er ließ Messalinen und viele ihrer Buhler, selbst den Mnester, seines Freibriefs ungeachtet, ermorden. Völlerei und Wollust hatten den Geist des Claudius dergestalt verthiert, daß Nichts Spuren in seinem Gehirn zurückließ; denn an eben dem Tage, da man ihm den Mord der Messalina gemeldet hatte, fragte er, warum denn die Kaiserin nicht erschiene?

Tacitus weiß von dieser unerhörten Frechheit der Messalina keinen andern Grund anzugeben, als daß sie die Vermählung mit dem Ehebrecher gerade um der Schande willen begehrt habe, in deren Größe der Mensch in seiner tiefsten Verderbniß eine Art von neuer Wollust sucht. —

Die Attentate, welche in diesem Zeitalter gegen die Heiligkeit der Natur begangen wurden, waren so ungeheuer, daß man gern an ihrer Wahrheit zweifeln möchte, wenn sie nicht von mehreren glaubwürdigen Männern wären erzählt und aufgezeichnet worden. Unter ihrer zahllosen Menge, die alle dasselbe scheußliche Gepräge an der Stirne tragen, wähle ich das abscheuliche Bacchanal, bei welchem Nero präsidirte und welches sein Günstling Tigellin für ihn veranstaltet hatte. Das Gastmahl ward in einem der kaiserlichen Gärten gegeben, die Tafel auf einer von Gold und Elfenbein glänzenden Galeere angerichtet, deren Ruderknechte alle junge Ganymede waren und deren Rang durch den Grad ihrer Infamie bestimmt wurde. Die vornehmsten Römer und Römerinnen und die berüchtigtsten Buhldirnen waren zu diesem Feste eingeladen, diese mußten nackt in den schamlosesten Stellungen und Bewegungen wetteifern. Männer mußten zusehen, wie ihre Gattinnen von ihren eigenen Sklaven, und Väter, wie ihre Töchter von Gladiatoren geschändet wurden. Viele vornehme Frauen und Jungfrauen wurden erdrückt oder zerrissen von der Menge der unbändigen Liebhaber aus dem inedrigsten Pöbel, die sich ihrer bemächtigen wollten. Nero, der Verderbteste unter dem ganzen abscheulichen Haufen, der nicht mehr wußte, mit welchem Gräuel er seine übersättigte Einbildungskraft reizen sollte, vermählte sich als Weib mit einem Griechen, der den Namen Pythagoras führte. Das ganze, durch die Religion des Landes geheiligte Ceremoniell wurde dabei beobachtet, die Auspicien wurden zu Rathe gezogen, die Gesichter der Verlobten mit einem Schleier verhüllt, der Brautschatz festgesetzt und gerichtlich versichert; das Hochzeitsbette wurde errichtet, die Fackeln des Hymens angezündet, und er vollzog das öffentlich unter den Augen der ganzen

Welt, was die Schamhaftigkeit unter dem Schleier der Dunkelheit verbirgt. —

Einige Jahre nachher spielte der römische Sardanapal die entgegengesetzte Rolle. Er ließ einen jungen Menschen, Namens Sporus, so verstümmeln, als ob er ihn weiblichen Geschlechts machen wollte. Er setzte ihm ein Leibgedinge aus, bedeckte ihn mit einem hochzeitlichen Schleier und heirathete ihn als Mann, mit allen im kaiserlichen Hause gebräuchlichen Feierlichkeiten. Die Heirath gab zu dem Bonmot Gelegenheit: wenn Nero's Vater nur einen Sporus geheirathet hätte, so würde die Welt sehr gut dabei gestanden haben.

Keine Art von viehischer Unzucht läßt sich denken, mit welcher dieses Scheusal sich nicht besudelt hätte. Wenn man dem Suetonius glauben darf, so ersann er eine nene Art unmenschlicher Geilheit, von welcher man vor ihm keine Idee gehabt hatte. Er ließ nämlich junge Leute, beiderlei Geschlechts, ganz nackt an Pfähle binden, hüllte sich in die Haut eines wilden Thieres ein und that, als käme er aus einer Raubhöhle hervor, fiel über seine Schlachtopfer her und suchte an ihren Körpern abscheuliche Genüsse. Hatte er auf solche Art seine Brunst gelöscht, so beschloß er die Scene damit, daß er sich seinem Freigelassenen Doriphorus preisgab; denn mit diesem hatte er sich eben so wie mit dem Sporus vermählt; und Sueton fügt hinzu, daß er, um seine weibliche Rolle recht natürlich zu spielen, in der Hochzeitsnacht die wimmernde Stimme eines Mädchens, dem man Gewalt anthut, nachgeahmt habe.

Der Hang zu einer wilden Liebe war zwar schon während der bürgerlichen Kriege so unbezähmbar und die Knabenliebe so allgemein, daß Horaz von ihrem Genusse als von einem gewöhnlichen Vergnügen reden durfte; aber diese Zügellosigkeit erreichte erst unter den Kaisern, die immer die ersten waren, welche ihre selbst gegebenen Keuschheitsgesetze übertraten, ihre höchste Stufe. Nachdem Tiberius, Caligula, Nero, Domitian, Commodus und Heliogabalus eine Ehre darin suchten, sich in Erfindungen und Zurüstungen der Wollust zu übertreffen, so brachen die ungeheuersten Laster in allen Ständen aus und die größten Gräuel wurden öffentlich und ungestraft verübt. —

Die vornehmsten Männer und Jünglinge scheueten sich nicht, gleich dem Nero und Heliogabalus, mit ihren Geliebten und Liebhabern sich öffentlich zu vermählen und ihre schändlichen Verbindungen durch förmliche Ehepakten zu befestigen. Zahlreiche Schaaren weibischer Knaben und Jünglinge, die man nach Nationen, Farbe, Haaren, Fähigkeiten und Bestimmung abtheilte, gehörten zum standesmäßigen Aufwand eines großen Hauses. Diese glätteten ihren Leib, schmückten, schminkten und kleideten sich nach Art der Frauen und wurden von besondern Lehrern unterrichtet, wie sie gleich Weibern gehen, reden, singen, sich geberden und besonders Augen, Hals und Hände bewegen sollten. Die menschenschänderische

Lüsternheit der vornehmen Wollüstlinge ging so weit, daß sie unmündige Kinder beiderlei Geschlechts zur Büßung ihrer viehischen Lüste mißbrauchten. Dieser Gräuel schien selbst dem Domitian so entsetzlich, daß er ihn, so wie auch das Verstümmeln von Knaben untersagte; aber beide Verbote wurden gleich wenig befolgt.

Man findet bei mehreren Schriftstellern so scheußliche Gemälde von der Corruption der Wollüstlinge, daß man sich scheuen muß, sie in unserer Sprache zu erzählen. So schildert Seneca z. B. die Ueppigkeit des reichen Hostius, der sich Vergrößerungsspiegel bediente, um während des wollüstigen Umganges mit Männern und Weibern die Geschlechtstheile und Convulsionen in einer vergrößerten Gestalt zu erblicken. Es ist ferner unglaublich, was eben dieser Schriftsteller von den Unfläthereien der Natalis und des Bürgermeisters Mamertus Scaurus erzählt. Die Weiber waren so schamlos, daß sie sich nackend mit den Fechtern in öffentlichen Kampf einließen. Juvenal sagt, sie wären so gekleidet gewesen, daß man sie auf keine andere Art von den übrigen männlichen Fechtern hätte unterscheiden können, als dadurch, daß sie endlich den Saphium (ovalen Nachttopf) genommen hätten.

Die Mädchen wurden so früh entweiht, daß sie sich gar nicht entsinnen konnten, jemals eine Jungfer gewesen zu seyn *), und selten, sagt Juvenal, war

*) Beim Petron wird von Quartilla, einer Priesterin des Priapus, der junge Giton aufgefordert, der

in Rom ein Mädchen, das nicht mit einer so eckelhaften Krankheit behaftet gewesen wäre, daß selbst der Vater vor ihren Küssen sich scheuen mußte.

Die vornehmsten Römerinnen ließen sich bei den Aedilen als öffentliche Buhlschwestern einschreiben, um die Strafe zu vermeiden, welche das Julische Gesetz auf den Ehebruch gesetzt hatte.

Um desto länger ihre jugendliche Schönheit zu erhalten, vermieden sie Schwangerschaften und Niederkunften soviel als möglich, oder wenn ihnen dieß mißlang, so ließen sie häufig die empfangene Frucht in ihrem Schooße tödten. Sehnte sich ein Ehemann nach einem Erben, so stellte sich seine Frau schwanger an und schob dem betrogenen Vater ein von armen Eltern erkauftes Kind unter. Dieser Abscheu vor Schwangerschaft wurde so allgemein, daß die Heirathen mit Verschnittenen so häufig und so erlaubt als im Orient waren. Plinius berichtet, die Hermaphroditen wären zu seiner Zeit sehr gesucht worden.

Keuschheit war mehr ein Vorwurf als Ehebruch eine Schande. Man heirathete nur, um durch den Mann die Liebhaber zu reizen, und diejenige, die nicht wußte, daß die Ehe weiter nichts als ein ununterbrochener Ehebruch sei, wurde als ungenießbar

---

siebenjährigen Pannychis den Gürtel zu lösen. Hierbei erwähnt die Quartilla das Sprüchwort: quae tulerit vitulum, illa potest et tollere taurum. (Ein Mädchen, das zuerst ein Kälbchen hat getragen, kann nach und nach es auch mit einem Ochsen wagen.)

und leer von aller Kenntniß der schönen Welt angesehen. Juvenal vergleicht die römischen Eheherren mit den Grasmücken, die nach Aristoteles die vom Kuckuk in ihr Nest gelegten Eier ausbrüten und die Brut als die ihrige erziehen. Eine Dame, die sich nur mit einigen Liebhabern begnügte und nicht damit alle Tage, ja selbst alle Stunden wechseln konnte, wurde für elend und häßlich gehalten. „Der wird“, sagt Seneca an einer andern Stelle, „für einen ungeschliffenen Bauer und Mißgünstigen gehalten, und ist den Damen ein Gräuel, wer seiner Ehefrau verbietet, sich in einer andern Tracht, welche den Augen nichts verbirgt, auf offenem Palankin von den schönsten Sklaven austragen zu lassen. Wer sich nicht durch eine Maitresse oder Buhlschaft mit der Frau eines andern Mannes einen Namen macht, den halten unsere Damen für niederträchtig, für einen Menschen, dessen Begierden niedrigen Schmutz verrathen und der für Sklavinnen gut genug ist. Die Verlobung geschieht nach der Mode durch Ehebruch. Man verabredet erst Wittwenschaft und so giebt's keine Heimführung ohne Entführung.“

Wenn eine Frau nicht gern einen Theil ihres Heirathsguts einbüßen wollte oder Schwierigkeiten bei der Ehescheidung fürchtete, so nahm sie ihre Zuflucht zu heimlicher Vergiftung, womit die Römerinnen ihre Männer eben so häufig als ihre Kinder aus der Welt schafften. Manche Eheleute aßen deßwegen nie mit einander, weil jede Parthei fürchtete, daß die andere ihr zuvorkommen möchte.

Die Nachsicht der Männer gegen ihre ausschweifenden Weiber war eine natürliche Folge der Gesetzverfassung und ihrer eigenen Sittenlosigkeit. Wenn die Männer von einer Reise zu Hause kamen, pflegten sie ihre Ankunft erst durch einen Abgeordneten melden zu lassen, damit sie ihre Weiber nicht überraschen möchten. Galba schlief aus Gefälligkeit ein, als er das Liebäugeln zwischen seiner Gemahlin und dem Mäcenas merkte; und als ein Sklave die auf dem Tische befindlichen Gefäße antastete, sagte er: siehst du nicht, daß ich nur dem Mäcenas zu Liebe schlafe?

Aber selbst die unbegrenzte Zahl von Liebhabern, der beständige Wechsel von Ehebrechern befriedigte die geile Ueppigkeit der Römerinnen nicht. Sie entbrannten von eben den unnatürlichen Lüsten, die von jeher in den morgenländischen Harems geherrscht und leider häufig genug in den europäischen weiblichen Klöstern geübt werden.

Die Zahl der feilen Mädchen und Pathiker *) vermehrte sich unter den Kaisern immer mehr, und die Gräuel wollüstiger Ausschweifungen erreichten unter dem Commodus, Heliogabalus und dem Alexander Severus ihre höchste Stufe. Commodus begnügte sich nicht damit, gleich dem Caligula, seine Schwestern erst zu entehren und dann zu tödten, und

---

*) Die Pathiker, auch Cinädier genannt, waren die Jünglinge, die Knabenschänderei mit sich treiben ließen, und durch Glättung und Weichmachung der Haut sich dazu vorbereiteten.

alle Frauen und Jungfrauen, die ihm gefielen, zu schänden, sondern er unterhielt einen Harem von 300 Beischläferinnen und eben so vielen schönen Knaben. Es war ihm nicht genug, alles das zu leiden und zu thun, was damals die ruchlosesten Wollüstlinge thaten und litten, sondern er wollte auch, daß alles dieses das ganze Volk wisse. Er zeigte sich daher öffentlich in weiblichen Kleidern, ließ bei einem Triumph seinen Liebhaber, den er zu wiederholtenmalen liebkosete, hinter sich auf den Triumphwagen steigen und befahl, daß alles dieses in die öffentlichen Jahrbücher eingetragen werde.

Heliogabalus wollte alle seine Vorgänger an Schandthaten und am meisten durch die unglaubliche Unverschämtheit übertreffen, womit er alle seine Lüste und Laster zu öffentlicher Schau trug. Er legte sich den Titel eines Pontifex Maximus bei und verheirathete sich mit einer vestalischen Jungfrau, um, wie er sagte, göttliche Kinder zu zeugen. Er verstieß sie aber bald wieder und nahm den Sklaven Hierokles, einen Fuhrmannsknecht, zum Ehemann. Er machte sich eine Ehre daraus, wenn man sagte, er wäre geschändet worden; daher bot er sich, nach Art der liederlichsten Metzen, öffentlich feil, und rühmte sich, daß er viel Geld dadurch verdiene. Hierokles mußte diese Untreue mit Scheltworten und Schlägen an ihm rächen, weil, wie er sagte, seine eheliche Liebe zu ihm dadurch von neuem gereizt würde. Sein ganzer Hof bestand aus Elenden, die vorher auf dem Theater oder in dem Circus, oder auf der Arena geglänzt und die sich ihm durch gewisse sichtbare Naturgaben empfohlen hatten. Er verkaufte und verschenkte alle Ehrenstellen und Provinzen an die nichtswürdigsten Buben und hatte sogar die Absicht, die erste und wichtigste Würde, die Präfectur der Stadt, mit Hurenwirthen zu besetzen. Er fragte mit schamlosem und spottendem Muthwillen die ehrwürdigsten Greise, ob sie in ihrer Jugend alles das gethan hätten, was er thue, und wenn Jemand erröthete, rief er lächelnd aus: Erubuit, salva res est. Die Römer und selbst die, welche sich Philosophen nannten, waren sklavisch genug, sich wie weibische Weichlinge zu kleiden und zu schmücken, um die Gnade des Kaisers zu erlangen. Er ließ sich nicht bloß, wie Nero, Königin und Frau nennen, sondern er trug weibliche Kleider und Putz, spann und wünschte durch Hülfe der Kunst in ein Weib umgeschaffen zu werden.

Sehr oft ließ er alle öffentlichen Weibspersonen aus der ganzen Stadt zusammenkommen, sprach mit ihnen von allen Geheimnissen ihrer Kunst und redete sie als seine Mitstreiterinnen mit eben dem Worte, nämlich Commilitones an, womit die Feldherren ihre Heere und Krieger anredeten. Dieses Scheusal des Throns und des Menschengeschlechts suchte, wie Tacitus von der Messaline sagt, in der höchsten Schande die größte Ehre.

Er war in seinem achtzehnten Jahre, als er von seinen Soldaten ermordet, nackt über die Straßen geschleppt und in die Tiber geworfen wurde.

Durch die üppige Lebensart der Großen, welche die Geringern überall nachahmten, sank der große Haufen in die schimpflichste Faulheit. Durch Arbeiten den Körper abhärten, den Muth stählen, dem Geiste Ordnung angewöhnen, war nicht mehr die Sache des gemeinen Römers; man wollte jetzt ohne alle Mühe gewinnen. Daher die zahlreichen Hurenwirthschaften, Kuppelei und andere Dienstleistungen für Roms Lüstlinge.

Obgleich Alexander Severus eine Menge öffentlicher Buhlerinnen aus Italien weggeschafft hatte, so war ihre Anzahl doch noch so ansehnlich, daß er aus dem Kopfgelde, das sie erlegen mußten, alle zum öffentlichen Vergnügen des Volks bestimmten Gebäude konnte erneuern lassen.

Der Ergiebigkeit dieser Finanzquelle wegen mußten alle öffentlichen Buhlerinnen bei den Aedilen (Polizeiaufsehern) sich einschreiben lassen. Es wurde ihnen ein Buhlhaus angewiesen. Ihr Name und der Preis ihres Genusses wurde an die Thüre ihrer Wohnung geschrieben. Auch sah man oft ihr Bildniß daran hängen. Hatten sie einen Liebhaber bei sich, so las man an der Thüre: occupata est, d. h. sie ist in Beschlag genommen. Trieben sie ihr Gewerbe ohne polizeiliche Erlaubniß und ließen sich ertappen, so wurden sie hart bestraft. Die gemeine Klasse wohnte gewöhnlich an den Ufern der Tiber und andern abgelegenen Oertern der Stadt. Nach dem Namen dieser Oerter wurden sie benannt: Summoenianae, die unter den Ringmauern Wohnenden; Alicariae, die ihren Erwerb in der Gegend der Stampfmühlen suchten; Bustuariae moechae, die an den Brandstätten und Gräbern standen; Suburranae, diese wohnten an einem großen freien Platz in Rom, dem gewerbsamsten und gewichtvollsten Theil der Stadt; er war mit vielen Lupanarien umgeben; Martial nennt deren Bewohnerinnen suburranae magistrae. Sie hießen ferner Prostibulae, Prosedae, weil sie zuweilen vor einem Stall saßen; Nonariae, weil die neunte Stunde zum Baden und zur Reinigung des Körpers bestimmt war und ehe dieses geschehen war, sie sich nicht sehen lassen durften. Im verächtlichen Tone nannte man sie auch Scranciae, Blitidae, Diobolares, Diobolaria scordilla, die zwei Obolen, nach unserem Gelde einen Groschen, kosteten.

Unter den der Venus geheiligten Festen waren die Aphrodisien und Floralien für die lüsternen Weiber und Buhlerinnen sehr wichtig, bei deren Feier sie sich, der Religion zu Ehren, der abscheulichsten Unzucht überließen. Man tanzte nackt nach Hörnern, und suchte durch Wort und Mimik alles auszudrücken, was die geile Lüsternheit der Geschlechtslust zu erregen vermag.

Die Verschnittenen spielten bei den römischen Damen keine unbedeutende Rolle, und Juvenal sagt: „Weiber wohl gibt's, die feige Verschnittene und weichliche Küsse immer ergötzen; auch sind sie im Umgange mit ihnen der Abtreibungsmittel überhoben (abortivo non est opus).“ Die Liebestränke waren sehr gewöhnlich und die thessalischen Weiber, die sich in Anfertigung derselben besonders berühmt gemacht hatten, verkauften solche öffentlich an Frauen und Buhlerinnen, welche die Hitze ihrer Gatten reizen oder entnervten Wüstlingen künstliches Feuer geben, oder flüchtige Liebhaber fesseln sollten. Der frühe Tod des berühmten Dichters Lucrez wird von allen seinen Biographen einem Reizmittel zugeschrieben, das er aus der Hand seiner verliebten Lucilia erhielt.

Juvenal schildert die rasende Geilheit, wozu Wollust und Wein bei dem Feste der Bona Dea*) die Weiber hinrissen. Sie trieben eine häßliche Art von Unzucht mit dem Munde, tranken aus Pokalen, die wie große männliche Glieder gestaltet waren, ritten auf einander ꝛc.; und wenn ihnen der Genuß mit weiblichen Wesen nicht mehr genügte, so warfen sie sich in die Arme junger Männer, Sklaven, Wasserträger, die als Sängerinnen verkleidet waren, und wenn es an allen diesen fehlte — clunem submittit asello. Eigentlich sollten bei dem Feste der Bona Dea keine Männer zugelassen werden. Publius Claudius, dessen schöne Schwester Cäsar geschändet hatte, rächte diesen Schimpf, indem er sich als Harfenspielerin verkleidet in den Palast des Cäsars schlich, wo das Fest gefeiert wurde, und hier Cäsars Gemahlin eben das that, was dieser seiner Schwester gethan hatte.

---

*) Man nannte sie Bona Dea, weil der eigentliche Name dieser Wesen zeugenden Gottheit ein Geheimniß war.

Die obscönen Ausdrücke erissare, fellare, fricare, irrumare, welche wir beim Martial finden, verkündigen, wie weit die Römer und Römerinnen die Unzucht getrieben haben. Wüßten wir das Unglaubliche, das Uebertriebene nur von Einem Schriftsteller, so könnten wir es für eine gallsüchtige Verleumdung des Zeitalters halten; aber wenn uns so viele glaubhafte, zum Theil gleichzeitige Männer, Cicero, Horaz, Juvenal, Persius, Martial, Sueton, Tacitus, Seneca, Dio Cassius, Plinius und Petron, die übereinstimmendsten Zeugnisse aufbehalten, so haben wir keinen Grund, an dem scheußlichen Sittenverderbniß der Römer zu zweifeln.

Geschlechtsausschweifungen unter den Völkern des Mittelalters.

Obgleich die Franken sich weniger mit den überwundenen Römern vermischten, als die Vandalen und Gothen, und genauer mit ihrem alten Vaterlande verbunden blieben, und aus diesem deutsche Krieger, Frauen und Jungfrauen erhielten, so waren doch Ehebruch, Vielweiberei und Concubinat, Raubsucht und Meuchelmord, Treulosigkeit, Völlerei und Schwelgerei die gemeinsten Laster aller Stände, Geschlechter und Alter. Die blutgierigsten Ungeheuer von Königen beherrschten und vernichteten dieses Volk.

Chlotar, einer von den wollüstigen Söhnen des grausamen Chlodowig, liebte unter seinen Weibern oder Beischläferinnen die Jugunde am meisten. Sie bat ihren Gemahl, daß er doch ihre Schwester Aregunde mit einem tüchtigen Manne verbinden möchte. Chlotar versprach's ihr und reiste heimlich auf das Landgut, wo die Aregunde wohnte. Er fand Wohlgefallen an der Jungfrau und heirathete sie auf der Stelle. Als er wieder zu seiner Gemahlin zurückgekehrt war, sagte er zu ihr: Ich habe die Bitte erfüllt, welche du, meine Liebe, an mich gethan hast, und deiner Schwester einen reichen und klugen Gemahl ausgesucht. Aber ich konnte keinen finden, der besser gewesen wäre, als ich selbst. Wisse also, daß ich sie zu meiner Gemahlin genommen habe, und ich hoffe, daß du nichts dawider haben werdest. Was meinem Herzen wohlgefällt, sagte die schlaue Jugunde, das kann man mit Recht thun. Nur bitte ich, daß deine Magd fernerhin die Gnade des Königs genieße.

Chilperich hatte schon ein Serail und in demselben die berüchtigte Fredegunde. Er war treulos genug, die Schwester der schönen Brunehild, die Glassunita, unter dem Versprechen zu heirathen, seine Beischläferinnen abzuschaffen. Allein er hielt sein Wort nicht, und da er seine neue Gemahlin und die Fredegunde nicht mit einander vereinigen konnte, so wurde die Glassunita erdrosselt.

Fredegunde, Rigundis, Brunehild und andere Frauen und Töchter der fränkischen Könige, Herzoge, Grafen und Herren, waren die schamlosesten und zugleich die blutgierigsten und unmenschlichsten Weiber gegen ihre Gatten, Kinder, Nebenbuhlerinnen, Geistliche und Laien, und scheuten nichts, wenn sie ihrer Rache Opfer bringen wollten. Die Bischöfe und Priester, Mönche und Nonnen lebten in eben der Völlerei und Lasterhaftigkeit, wie die Laien.

Die Diener der Gottheit, sagt Gregor, brachten die meisten Nächte mit Trinken und Schmausen zu. Wenn sie endlich vom Wein und Müdigkeit überwältigt wurden, so schliefen sie auf weichen Betten in den Armen ihrer Buhlerinnen bis in die dritte Stunde des Tages, erfrischten sich durch ein Bad und setzten sich zu Tische.

Die Nonnen in Poitou empörten sich gegen ihre Aebtissin, begaben sich in die Kirche des heiligen Hilarius, versammelten alle Diebe, Räuber, Mörder und Ehebrecher um sich her, drangen mit diesen in ihr Kloster ein und führten ihre Aebtissin nackt, als einen Gegenstand des öffentlichen Spotts, umher. Die heiligen Väter suchten diese wilden Empörerinnen zu beruhigen, machten aber bald die Entdeckung, daß ihre keuschen Himmelstöchter sich meistens in gesegneten Leibesumständen befanden.

Die Kapitularien der fränkischen Könige sind eben so viele Denkmale der Lasterhaftigkeit ihrer Völker. Man findet darin eine Menge von neuen Verbrechen, die man vergeblich in den salischen und ripuarischen Gesetzen sucht; eine Menge von Strafen gegen die ungeheure Zügellosigkeit der Domherren, Mönche und Nonnen, deren Völlerei, Liederlichkeit und Habsucht mit fürchterlichen Farben geschildert werden, die überzeugend beweisen, daß keine Sünde des Fleisches unter den ausgearteten Römern verübt worden ist, deren sich nicht auch die Franken schuldig machten.

Karl der Große sagt in einem Kapitular: Es ist uns eine schreckliche Nachricht zu Ohren gekommen, die wir nicht ohne Schauder und Abscheu wiederholen können, daß sehr viele Mönche in Unzucht und andern Unreinigkeiten, ja sogar in unnatürlichen Sünden betroffen worden. Wir untersagen dieses auf das ernstlichste und machen hiermit bekannt, daß wir diejenigen Mönche, die sich solchen Fleischessünden überlassen werden, so hart strafen wollen, daß es keinem Christen in den Sinn kommen wird, sich auf eine ähnliche Art zu vergehen. Wir gebieten zugleich, daß Mönche nicht mehr, wie bisher, außer ihren Klöstern umherschwärmen, und Klosterfrauen sich nicht mehr der Unzucht und Völlerei ergeben sollen. Wir dulden es nicht mehr, daß sie Hurer, Diebe, Mörder 2c. seien, daß sie schwelgerische Feste feiern und unzüchtige Gesänge singen. Priester sollen nicht mehr in allen Wirthshäusern und auf allen Märkten umherlaufen, um Weiber und Töchter zu verführen 2c.

Unter Ludwig dem Frommen und dessen Söhnen stieg das Elend und die Sittenverderbniß des gemeinen Volks und die Zerrüttung des fränkischen Reichs im Verhältniß mit den Gewaltthätigkeiten und Lastern der Vornehmen, sowohl geistlichen als weltlichen Standes, auf den höchsten Grad. Meuchelmorde, Ehebrüche und Verletzungen der jungfräulichen Ehre, Vielweiberei und Concubinat 2c. waren unter Personen von der königlichen Familie bis zum niedrigsten Pöbel gleich häufig. Die gewöhnlichen Fragen der Beichtväter waren: ob nicht der Beichtende jemanden umgebracht, einen falschen Eid geschworen oder Ehebruch 2c. begangen habe? Und bei den weiblichen Sünderinnen erkundigten sie sich, ob sie nicht ein Kind umgebracht hätten? 2c.

Der König Lothar, um von seiner Gemahlin getrennt und mit der Waldrada wieder vereint zu werden, wandte sich an Günther, Erzbischof von Köln, und versprach, seine Nichte zu heirathen, wenn er ihn von der Thietberga befreien würde. Günther fand sich sehr bereitwillig hiezu und zog andere Bischöfe und vornehme Geistliche in sein Interesse. Er berief hierauf eine Synode nach Metz zusammen und klagte die Königin öffentlich vieler großen Verbrechen und unter andern einer mit ihrem eigenen Bruder begangenen und von ihr selbst eingestandenen Blutschande, an. Auf diese einseitige Anklage wurde die unverhörte und unschuldige Königin sogleich durch die versammelten Bischöfe von ihrem Gemahl getrennt. Bald hierauf bewies Lothar auf einem abermaligen Concilium zu Regensburg den heiligen Vätern, daß er sein jugendliches, feuriges Blut nicht bezähmen könne und daß man ihm erlauben möchte, wieder zu heirathen. Die Mitglieder der Synode antworteten, daß sie ihrem glorreichen König wegen seiner Beschützung der Kirche 2c. um desto weniger eine zweite Heirath versagen könnten, da der Apostel selbst gesagt habe: daß es besser sei, zu heirathen, als Brunst zu leiden. Als nun Günther dem König die versprochene Nichte als Gemahlin zuschickte, so hatte Lothar die Unverschämtheit, der Betrogenen ihre Ehre zu rauben und sie dann unter allgemeinem Gelächter dem erbitterten Oheim zurückzusenden. Er nahm dagegen die Waldrada zur Gemahlin. Von diesem einzigen Zug kann man leicht auf den Zustand der Sitten der übrigen Söhne Ludwigs des Frommen schließen.

So wie die Despoten des Morgenlandes Banden von Tänzerinnen unterhielten, so waren um die abendländischen Könige ganze Haufen von öffentlichen Weibspersonen versammelt, die unter besondern Marschällen standen. Diese folgten den Königen auf Heereszügen und es fanden sich unter andern in dem Lager eines französischen Königs fünfzehnhundert Personen dieser Gattung, deren Schmuck von einem unschätzbaren Werth war, und die nicht weniger prächtig als die vornehmsten Damen des Hofs gekleidet, sich unter diese selbst bei öffentlichen Feierlichkeiten mischten und die Königin einst verführten, daß sie einer solchen Weibsperson, die sie für eine vornehme Dame hielt, den Kuß des Friedens, wie den edlen Frauen und Jungfrauen, gab.

Ungleich verdorbener waren im zehnten Jahrhundert die Sitten in Italien. Die Laster und Ränke der italienischen Könige, die Schamlosigkeit der vornehmsten Fürstinnen übersteigt allen Glauben. Der Papst Johannes, den Otto der Große nachher entsetzte, wurde durch die Künste der Theodora, seiner Buhlschwester — ein würdiges Gegenstück zur Messalina — erst Erzbischof von Ravenna und dann das Haupt her Christenheit. Die beiden Töchter dieser Theodora, die eine Zeitlang Rom beherrschte, traten ganz in die Fußstapfen ihrer Mutter und eine derselben zeugte mit dem Papst Sergius den nachherigen Papst Johannes; der Liebhaber der Theodora ward angeklagt, daß er den heiligen Palast in ein Hurenhaus verwandelt, daß er Ehebruch, Blutschande und andere Greuel der Unzucht getrieben, daß er geistliche Würden verkauft und Priester in Pferdeställen ordinirt habe. — Einige Jahre vorher erwarb sich die Wittwe des Markgrafen Adalbert, gleich einer unumschränkten Beherrscherin, einen mächtigen Einfluß in ganz Italien bloß dadurch, daß sie sich nicht nur allen Fürsten und Herren, sondern auch allen Gemeinen, die nur von einiger Bedeutung waren, preisgab. — Der König Hugo hatte neben seiner Gemahlin eine Menge Beischläferinnen, unter welchen er die Bezola, die Rosa und Stephania so vorzüglich liebte, daß er die erste mit dem Namen Venus, die andere Juno und die dritte Semele belegte. Aber weit gefehlt, daß diese Maitressen sich mit ihrem Gebieter allein hätten befriedigt, überließen sie sich einem jeden, der sie um ihren Genuß ansprach. — Der Papst Sixtus IV. im fünfzehnten Jahrhundert war der erste Kuppler in Rom. Er ließ auf seine Kosten ein nobles Bordell bauen. Jede Bewohnerin, die sich darin den Umarmungen der Männer preisgab, mußte wöchentlich eine gewisse Summe bezahlen, wodurch die Einkünfte des Papstes jährlich um zwanzigtausend Dukaten vermehrt wurden. Sixtus war ein so ungeheures Scheusal der Menschheit, daß er unter die Bittschrift der Familie des Kardinals St. Lucia, welche um die Erlaubniß ansuchte, während der heißen Sommermonate Juni, Juli und August Sodomie treiben zu dürfen, um die durch den gewöhnlichen Genuß in dieser Jahreszeit abgestumpften Sinne zu reizen, ohne weiteres Bedenken sein „Fiat, wie gebeten," schrieb. Der Poet Mantuan läßt ihm in der Hölle durch den Teufel sagen, daß ihn weder seine Papstmütze noch sein kahles Haupt hindern würden, ihm den verdienten Lohn für seine viehischen Lüste, worin er sich Tag und Nacht herumgewälzt hatte, zu bezahlen. Man erinnere sich an einen Ludwig Sforza, einen Papst Alexander VI. und dessen Bastard Cäsar Borgia, an die beiden Aragonesen, Ferdinand und Alphonso von Neapel, oder man lese das schwarze Register der unmenschlichen Verbrechen dieser gekrönten Ungeheuer, die nicht bloß zur Büßung ihrer viehischen Lüste sich der Weiber und Töchter ihrer Unterthanen und Vasallen bemächtigten, sondern diesen auch ihr Vermögen und Leben raubten, so wird man von der tiefen Lasterhaftigkeit der Italiener in diesen Jahrhunderten das schauderhafteste Gemälde vor sich sehen, die sich von der Verdorbenheit der übrigen europäischen Völker nicht bloß dadurch auszeichnete, daß sie größer und allgemeiner, sondern daß sie auf Grundsätze der Religion und der Staatskunst gebaut war. Die unnatürlichen Lüste der Knabenliebe waren so allgemein, daß der Kardinal de la Cassa in der letzten Hälfte des sechzehnten Jahrhunderts ein Lobgedicht auf dieses die Menschheit entehrende Laster herausgab.

Die Sachsen wurden zwar später als ihre übrigen deutschen Brüder von den fränkischen Königen bezwungen, daher auch später als diese verdorben; aber schon im Anfange des elften Jahrhunderts war mit den übrigen Tugenden auch die Keuschheit, welche der heilige Bonifacius so sehr an den Sachsen gepriesen hatte, von ihnen entflohen. „Die Weiber, sagt Ditmar, zeigen ihren Liebhabern alles öffentlich, was an ihnen feil ist. Da eine solche unziemliche Art sich zu kleiden dem Herrn ein Gräuel ist und dem ganzen Zeitalter zur Schande gereicht, so gehen nichtsdestoweniger jene schamlosen Weiber dem ganzen Volke zur Schau umher, den Tugendhaften zum Hohn und den Bösen zum Beispiel." Adam sagte von den Einwohnern in Bremen, sie beflecken die Festtage durch Unzucht. Ehebrüche, Blutschande und andere schändliche Lüste sind unter ihnen so allgemein, daß sie von Niemand getadelt werden. Die meisten, fährt er fort, haben zwei, drei oder unzählige Weiber und Beischläferinnen. Wenn ihr Bischof Adalbert über ihre Laster eiferte, so belachte man seinen heiligen Eifer; daher beschloß dieser, einem solchen halsstarrigen Volk Zaum und Gebiß in das Maul zu legen, und nahm ihnen bei der ersten Gelegenheit ihr ganzes Vermögen und begleitete diesen Raub mit dem Hohnlachen, daß der Verlust ihrer Güter zur Reinigung von ihren Sünden diene. Die Vögte dieses Bischofs befolgten dieses Beispiel ihres Herrn uneingeschränkt und überschritten im Rauben und Plündern alles Maß und Ziel.

Unter Philipp II., König von Frankreich, zeichneten sich im gelobten Lande die jungen Krieger, welche die Leibwache des Königs ausmachten, noch mehr durch ihre Ausgelassenheit als durch ihre Tapferkeit aus. Ihr Name Ribauds oder Ribaldi wurde bald der Name aller derer, welche sich den gröbsten und schimpflichsten Ausschweifungen überließen. Das Haupt dieser Ribauds, welches den Titel Roi de Ribauds führte, hatte die Aufsicht über die andern und ertheilte die Erlaubniß zu allen Arten von Spielen, die am Hofe gespielt wurden. Er erhielt von allen Logis de Bourdeaux et des femmes bourdelières wöchentlich zwei Sols und jede Ehebrecherin mußte ihm fünf Sols bezahlen. Der Name dieses Amtes wurde unter Karl VII. unterdrückt, das Amt aber selbst dauerte unter dem Titel des Grand Prévot de l'hòtel auch in der Folge noch fort. — In England waren die Sitten im zwölften Jahrhundert nicht besser, als in dem übrigen Europa. Heinrich I. und II. und Richard I. lebten gleich ihren übrigen fürstlichen Zeitgenossen in einer offenbaren Vielweiberei, und hatten mehr natürliche als rechtmäßige Söhne und Töchter. Der eben so schwache als bösartige Johann raubte dem Grafen de la Marche seine verlobte und schon übergebene Braut Isabella und vermählte sich mit ihr, ungeachtet seine eigene Gemahlin noch lebte. Als Heinrich II. verlangte, daß ein Geistlicher, der die Tochter eines Edelmanns geschändet und den Vater ermordet hatte, dem weltlichen Arm ausgeliefert werden sollte, so weigerte sich der Erzbischof Bekket, dieses zu thun, weil er den Verbrecher schon durch Entsetzung gestraft habe, und ein Schuldiger wegen desselben Verbrechens nicht zweimal gestraft werden könne. Eduard IV. lebte in ununterbrochener Ueppigkeit und auf die vertrauteste Art mit den Londoner Frauen und Jungfrauen, bei denen ihn schon seine Schönheit und Galanterie ohne die königliche Würde empfohlen haben würden.

Im dreizehnten und vierzehnten Jahrhundert war in ganz Europa die Sittenverderbniß am größten. Obgleich Ludwig der Heilige keine Tugend höher schätzte, als die Keuschheit, und seinen Kriegern und Dienern bei Verlust ihrer Stellen untersagte, Bordelle und Spielhäuser zu besuchen, und nicht gestatten wollte, öffentliche Weibspersonen in Privathäusern aufzunehmen, so mußte er doch auf seinem heiligen Kreuzzuge die Kränkung erfahren, daß mehrere seiner Hofleute nahe an dem königlichen Zelte Bordelle anlegten und geringe und vornehme Weiber schändeten.

Im Jahre 1314 wurden die Gemahlinnen der drei Söhne Philipps des Schönen auf einmal Ehebruchs wegen angeklagt. Zwei derselben wurden öffentlich vor dem Parlamente ihres Verbrechens überführt und zu einem ewigen Gefängnisse verdammt. Die dritte ward zwar von ihrem Gemahl für unschuldig erklärt, allein die Nation glaubte, daß Gnade dem Recht vorgegangen sei. Auch Karls VI. Gemahlin lebte mit dem Herzoge von Orleans in einem öffentlichen Ehebruch, der um so schändlicher und empörender war, da die Königin die erpreßten Schätze liederlich verschwendete, die Kinder ihres Gemahls darben und ihren Gemahl selbst in dem eckelhaftesten Schmutze beinahe verfaulen ließ.

Zu Froissarts Zeiten herrschte die sonderbare Sitte, daß man die Bräute von Königen und anderen vornehmen Personen vor der Vermählung auf das genaueste besichtigte, um durch den Augenschein von Kennerinnen zu erfahren, ob die Jungfrau auch fruchtbar und ohne Gebrechen sey. Wahrscheinlich war dies eine Nachahmung einer griechischen Sitte. Die Gesandten des griechischen Kaisers, welche um die Tochter des Grafen von Tripoli warben, fragten auf das genaueste über die Beschaffenheit der verborgenen Theile des Körpers. Wenn man das Gemälde liest, welches Aeneas Silvius von den deutschen Höfen und Städten der Vornehmen und Geringen, der Laien und Geistlichen im fünfzehnten Jahrhundert entwirft, so kann man es kaum für möglich halten, daß das Sittenverderben einen noch höheren Grad hätte erreichen können. Geizige Fürsten hatten Wohlgefallen an Personen, die ihnen Schätze zusammenscharren halfen; Wollüstige an solchen, die ihnen Mädchen und Frauen verkuppelten; Trunkenbolde an Saufgesellen und Grausame an blutgierigen Dienern, welche ihrer Grausamkeit fröhnten. Die Wohnungen der Könige und Fürsten erschollen unanfhörlich von den schändlichen Reden der lasterhaften Buben, die sich rühmten, Jungfrauen geschändet, Weiber entehrt, Widersacher beraubt oder getödtet zu haben. Unter allen Höfen war aber in diesem Jahrhundert keiner verdorbener, als der Hof des Kaisers Sigismund und seiner Gemahlin Barbara, die ohne Scheu alle Gesetze der Ehrbarkeit und des Wohlstandes übertraten. Sigismund buhlte mit allen schönen Mädchen und Weibern, die er antraf, und scheint auf eine gewisse Art das ganze heilige Reich als seinen Harem angesehen zu haben. Die Weiber behandelten ihn als einen lustigen Bruder, oder wie die Zeitgenossen sagten, als einen fröhlichen, schimpflichen Herrn. Als dieser Kaiser im Jahr 1414 nach Straßburg kam, besuchten ihn am Morgen nach seiner Ankunft einige lustige Weiber, um sich mit ihm zu erlustigen. Sigismund fand so vielen Gefallen an dem Muthwillen seiner schönen Freundinnen, daß er einen Mantel umwarf und mit ihnen am hellen Tage durch die Straßen der Stadt tanzte. Als der tanzende Kaiser und die Straßburgischen Tänzerinnen in die Kürbergasse kamen, so kauften die letztern dem Beherrscher des deutschen Reichs ein paar Schuhe für sieben Kreuzer; und nachdem der Kaiser die ihm geschenkten Schuhe angezogen hatte, tanzte er so lange fort, bis er ganz ermüdet in seine Wohnung zurückkehrte. Sigismund erlaubte der Kaiserin Barbara, ihren unersättlichen Lüsten eben so ungehindert zu folgen, als er den seinigen nachhing. Er betraf sie sehr oft im Ehebruch, ohne den ihm angethanen Schimpf zu ahnden. Barbara erklärte, daß es gar kein anderes Gut für den Menschen gäbe, als sinnliches Vergnügen, und besonders das Vergnügen der thierischen Liebe; daß es höchst thöricht sei, nach diesem Leben noch Vergnügungen oder Schmerzen zu erwarten, weil mit dem Tode des Leibes alles aus sei. Sie spottete der heiligen Jungfrauen, die freiwillig den Freuden entsagt hatten. Sie wartete nicht einmal, bis Jünglinge und Männer ihr Anträge machten, sondern sie lockte dieselben oder nöthigte sie zu Befriedigung ihrer Wollust. Nach dem Tode ihres Gemahls zog sie nach Königsgrätz, wo sie sich bis in ihr hohes Alter einen männlichen Harem unterhielt und in den schändlichsten Lüsten ihr Leben beschloß. Durch die ausschweifende Sittenlosigkeit der Höfe verbreitete sich das Verderben unaufhaltsam unter die Bewohner der großen und kleinen Städte. In Wien war die Zahl der öffentlichen Mädchen ungeheuer, und wenige Frauen waren mit einem Manne zufrieden. Fast alle Bürger hielten Trinkstuben, wo sie Saufbrüder und liederliche Dirnen hinriefen. Die Edelleute machten häufige Besuche bei schönen Bürgerfrauen, wurden von den Männern gut bewirthet und dann mit der Frau allein gelassen. Gefiel irgend einem Bürger dieser Umgang mit seiner Frau und Töchtern nicht, so wurde er mit Gift oder auf eine andere Art aus dem Wege geräumt.

Wenn die Gerichtsverfassung und die Polizei in den städtischen Republiken besser war, als in den fürstlichen Städten, so waren doch die Sitten der Reichsstädter eben so ausgelassen, als die der fürstlichen Unterthanen. In allen großen Reichsstädten des südlichen und nördlichen Deutschlands waren bis in die letzte Hälfte des sechzehnten Jahrhunderts privilegirte Häuser des öffentlichen Vergnügens, und allenthalben machten öffentliche Weibspersonen eine geduldete und von der Obrigkeit geschützte Klasse von Menschen aus. In Genf, Nürnberg und andern Städten wählten die Dienerinnen der gemeinen Venus jährlich ein Oberhaupt oder eine

Vorsteherin, welche den Namen der Bordellkönigin erhielt und der Obrigkeit den Eid der Treue leistete. Selbst in Nürnberg machten sie eine sogenannte ehrbare Gilde aus, welche ein ausschließendes Recht zu Betreibung ihres Gewerbes hatte und diejenigen als Bönhasen verfolgte, die dasselbe ohne Erlaubniß trieben. Das Besuchen der öffentlichen Häuser und Weiber war so wenig schimpflich, daß sogar in London die Gläubiger von angesehenem Stande, welche ihre Schuldner zum Einlager (Verhaft) brachten, angehalten wurden, diesen wöchentlich zweimal Frauengeld zu reichen.

In allen Städten waren öffentliche Bäder, in welchen beide Geschlechter gemeinschaftlich badeten, und in welchen Weibspersonen zum Vergnügen der Badegäste unterhalten wurden. Die Zügellosigkeit in den Bädern war, nach Poggi, in Baden in der Schweiz so groß, daß Bekannte und Unbekannte jede Frau im Bade besuchen, mit ihr reden und sie berühren durften, ohne daß Ehemänner oder Andere Eifersucht oder das geringste Aergerniß blicken ließen.

Geistliche hatten nicht bloß so häufig Beischläferinnen, daß alle unächten Kinder den Namen der Pfaffenkinder erhielten, sondern man zwang sie sogar in vielen Gegenden, besonders in Frankreich, in der Schweiz und in Friesland, daß sie Concubinen halten mußten, damit sie die Frauen und Töchter der Einwohner nicht schänden möchten. Mönche und Nonnen besuchten die öffentlichen Bäder und waren in den scheußlichen und unnatürlichsten Lüsten schamloser und frecher, als die üppigen Kinder der Welt. Die Zahl von öffentlichen Weibern brachte reiche und fromme Menschen auf den Gedanken, Stiftungen zu machen, in welche liederliche Mädchen, wenn sie ihren sträflichen Wandel verlassen wollten, aufgenommen würden und Buße thun könnten. Daher entstanden die sogenannten Beguinenhäuser, deren Bewohner aber häufig ihr altes Gewerbe fortsetzten, und wenn sie dazu zu häßlich und alt waren, das Handwerk von Kupplerinnen ergriffen.

Die geringere Geistlichkeit wetteiferte mit der höhern nicht nur in Unwissenheit, sondern auch in Unsittlichkeit. Wirthshäuser halten und besuchen, Saufen, Huren, Ehebrechen, Spielen, Schreien und Schlagen machten das gewöhnliche Leben der Seelenhirten aus. Viele Pfarrer waren Köche oder Verwalter oder andere Bediente von vornehmen Herren und Frauen; und wenn einer oder der andere nicht alles mitmachen wollte, was seine übrigen Amtsbrüder thaten, so verspottete man solche als Verschnittene oder Sodomiten. Die Sitten der Ordens-Geistlichen, und vorzüglich der Bettelmönche, waren nicht besser, als die der Weltgeistlichen, und auch unter jenen wurden alle diejenigen, welche fromm, keusch und mäßig leben wollten, Heuchler genannt. Nonnenklöster hielt man so allgemein für Bordelle, daß eine Jungfrau einkleiden und ihre Ehre öffentlich preisgeben als eine und dieselbe Handlung betrachtet wurde.

Selbst die gottesdienstlichen Feste, die mit dem

Stempel der rohen Denkart des Zeitalters bezeichnet sind, arteten in die zügellosesten Ausschweifungen aus. Dahin gehören der geistliche Tanz, das Eselsfest, das Narrenfest 2c., welche zur Ehre der Religion erfunden und zur Schande der menschlichen Vernunft und der Gottheit gefeiert wurden. Der Tanz oder eine schnelle Bewegung durch die Luft war bei den alten heidnischen Völkern eben so gut ein Reinigungsmittel, als das Baden im Wasser oder Springen im Feuer. Dieser religiöse Tanz wurde von den Christen sehr frühzeitig nachgeahmt. Die Bischöfe und die Geistlichkeit tanzten auf dem Chor, die Gemeine in der Kirche oder auf den Kirchhöfen. Jedes Geheimniß, jeder Festtag hatte seine Tänze. Da die Tänze zum Theil des Nachts gehalten wurden, so verwandelten sie sich bald in die schändlichsten Orgien und die Kirche mußte sie untersagen. Das Eselsfest war mit gleichen Ausschweifungen verbunden. Das Narrenfest wurde von den Christen statt der römischen Saturnalien eingeführt und ward vom eilften bis in das sechzehnte Jahrhundert durch Spanien, Frankreich, England und einen Theil von Deutschland, am Rhein in den ersten Tagen nach Weihnachten gefeiert.

Nicht bloß liederliche und muthwillige Laien, sondern selbst Geistliche tanzten nackt auf den Straßen und in den Kirchen, unter Absingung der schändlichsten Lieder und mit den üppigsten Stellungen.

In Frankreich herrschten vom Zeitalter Karls IX. bis auf Heinrich IV. nicht nur Prachtliebe, grenzenlose Verschwendung, Spielsucht, Meuchelmord und unersättliche Raubgier unter beiden Geschlechtern allgemeiner und in viel höhern Graden, als in Deutschland, sondern auch Ehebruch und Unzucht waren hier ohne Vergleichung schamloser. Das Neue und Unerhörte der üppigen Ausschweifungen des französischen Hofes unter Heinrich II., Karl IX., Heinrich III. und Heinrich IV. bestand gar nicht darin, daß alle Königinnen, Prinzessinnen und andere Damen öffentlich ihre Liebhaber hatten nnd nach Belieben mit ihnen wechselten, daß sie öffentlichen Ehebruch und Unzucht für ehrenvoll, ja selbst für eine Tugend hielten, daß Ehemänner von dem Könige an bis zu den gemeinsten Hofbedienten aus Eigennutz und Hang zur Ungebundenheit ihren Frauen mit der Erlaubniß, die sie sich selbst nahmen, zuvorzukommen suchten, weil sie durch diese Nachsicht statt einer Frau hundert erhielten; sondern das Unterscheidende der französischen Ausgelassenheit bestand vielmehr darin, daß die Weiber die Männer aufsuchten und angriffen, daß Königinnen die ersten und allgemeinen Kupplerinnen waren und daß die vornehmsten Hofdamen es für eine große Gnade schätzten, wenn ihre Gebieterinnen sie als feile Metzen zur Verführung dieses oder jenes Mannes brauchen wollten.

Katharina von Medicis hatte stets, besonders wenn sie auf wichtige Negotiationen ausging, eine Schaar von gefälligen und schönen Frauen und Mädchen bei sich, um durch die Reize ihrer vornehmen Buhldirnen die Herzen der Männer zu gewinnen. Dieses erhabene Beispiel der Mutter ahmte nachher ihre Tochter, die

Königin Margarethe von Navarra, Heinrich des IV. Gemahlin, nach. Die Hofdamen der Katharina von Medicis und ihrer Tochter ließen sich in jeder Hinsicht als Lustdirnen brauchen. Wenn der König es verlangte, so warteten sie in männlicher Kleidung, halb nackt und mit fliegenden Haaren, bei Tische auf. Es gingen bei den unaufhörlichen Festen Dinge vor, welche selbst ein Bordell hätten verrufen können. Eben so beispiellos als die Frechheit der Weiber war die öffentliche, zärtliche Liebe Heinrichs III. gegen seine Mignons, die man weniger wegen ihrer schändlichen Lüste, als wegen ihres empörenden Stolzes, ihrer Verschwendung und weibischen Weichlichkeit verabscheute. Sie waren sehr oft wie Weiber gekleidet und geschmückt und verübten allen Muthwillen und alle Bosheiten der ausgelassensten Pollissons, — das Lustspiel, und besonders die italienische Komödie, war nichts als eine Schule von Unzucht und Ehebrüchen. Das Parlament untersagte sie, als sittenverderbend; der König hingegen befahl ausdrücklich, daß sie in dem Hotel de Bourbon fortgegeben werden sollten. Väter schändeten ihre Töchter und Mütter setzten ihre neugebornen Kinder aus und tödteten sie, und das Gefühl der Ehre und Moralität erstarb gänzlich in allen Herzen. Unter allen war Heinrich IV. der größte Verführer der Unschuld und Zerstörer der ehelichen Treue und Glückseligkeit. Er war unverschämt genug, von seinen treuesten und besten Dienern zu verlangen, daß sie ihm ihre Weiber oder Geliebten überlassen sollten; und wenn sie sich weigerten, so warf er einen tödtlichen Haß auf sie und überlieferte sie den Händen der Klopffechter und Meuchelmörder. —

Bei dem Einzug Ludwigs XI. im Jahre 1461 suchten die Einwohner von Paris die schönsten Mädchen ihrer Stadt aus und ließen diese, ganz entkleidet, als Syrenen allerlei Schäferstücke zur Ergötzung des Königs singen. — Bei der Ankunft der Prinzessin Anne von Bretagne trieb man die Aufmerksamkeit so weit, daß man in gewissen Entfernungen Personen mit Nachttöpfen hinstellte, die den Damen der Königin bei Eintritt eines dringenden Bedürfnisses zu Befehl stehen sollten. — Man trug lange zerhauene Hosen, oder solche Beinkleider, die auf die unehrbarste Art ausgeschlitzt waren und das entblößten, was Adam schon im Paradiese bedeckte, und die überdieß noch mit Priapen verziert waren.

Wenn den kirchlichen Festen die unzüchtigsten Gebräuche sich beigesellten, so kann man sich leicht denken, wie es bei den öffentlichen und häuslichen, bürgerlichen Feierlichkeiten zuging; die Ausgelassenheit grenzte hier an morgenländische Schamlosigkeit. Es galt für einen sehr verzeihlichen Ausbruch von Munterkeit, ein Mädchen mit Fleiß so fallen zu lassen, daß sie ganz entblößt wurde. Man trieb die Polissonerie endlich so weit, daß man alle Kleider abwarf und nackt tanzte. Ungeachtet sich die jungen Ritter bei ihrer Aufnahme durch einen Schwur verbinden mußten, gegen das schöne Geschlecht hilfreich und ehrerbietig zu seyn; ungeachtet sie in Gefahr waren, wegen

Beleidigungen, die sie Frauen und Jungfrauen zugefügt hatten, auf das schimpflichste von den Turnieren abgewiesen zu werden; ungeachtet sie den Damen bei allen öffentlichen Festen und Ritterspielen die schmeichelhaftesten Ehrenbezeugungen erwiesen und oft in den Regionen metaphysischer Liebe schwärmten, so war doch nirgends wahre Liebe und Achtung der weiblichen Ehre zu finden. Das Ganze bestand in einem lächerlichen und übertriebenen Prunk, in leerem Wortgepränge. Es war unter allen Mitgliedern der Ritterschaft nichts gemeiner, als Concubinat und Vielweiberei, Ehebruch und Blutschande. Man betete aus Gewohnheit das schöne Geschlecht an, man verführte und verachtete und kämpfte aus Eitelkeit bis auf den Tod für die Ehre einer Dame, von der die ganze Welt wußte, daß sie keine mehr zu verlieren hatte.

Schon im zwölften Jahrhundert brachte die mit der Ritterschaft und den Turnieren entstandene Galanterie gegen die Damen, die geschäftslose Muse und die häufigen Feste der Fürsten, Herren und Ritter, und besonders die Erfindsamkeit der Troubadours die sogenannten Gerichtshöfe der Liebe (Cours d'amour, Parlements d'amour, de courtoise et gentillesse) hervor. Diese Gerichtshöfe hatten nicht bloß Präsidenten, welche fast immer Könige, Fürsten, oder berühmte Prinzessinnen waren, sondern sie waren überhaupt wie die ersten der Parlamente der Nation organisirt. Ihrer ursprünglichen Bestimmung nach sollten sie eigentlich nur über die Proben der Liebe sprechen, die sich Liebende einander aufgelegt hatten. Aber ihre Gerichtsbarkeit erweiterte sich allmälig so weit, daß sie über die Rechte der Männer und Weiber entschieden, neue Gewohnheiten einführten und andere als Mißbräuche abschafften; insbesondere aber beschäftigten sie sich damit, die Natur und das Wesen der Liebe, die Vollkommenheiten und Gebrechen der Schönen, die Rechte, Verbindlichkeiten und Aufopferungen der Liebenden mit einer Spitzfindigkeit und Feinheit zu untersuchen, die selbst den geübtesten Dialektikern Ehre gemacht hätten und die als eine Wirkung der scholastischen Philosophie angesehen werden kann. Die Fragen, die in dieser Absicht aufgeworfen wurden, nannte man Tenson oder Tenzen, und die darüber entstandenen Prozesse jeux-mi-partis. Als Beispiel einer solchen Untersuchung kann der Streit angeführt werden, der darüber entstand: ob ein eifersüchtiger Liebhaber, der durch den geringsten Anlaß beunruhigt wird, oder ein zuversichtlicher, der gar kein Mißtrauen in seine Geliebte setzt, eine wärmere Liebe gegen diese hege? — Die Aussprüche dieser Gerichtshöfe wurden Arrets d'amours oder Arresta-Amorum genannt und hatten das verdiente Glück, im sechzehnten Jahrhundert von berühmten Rechtsgelehrten mit der größten Ernsthaftigkeit commentirt zu werden. Eine Nachahmung von diesen Cours d'amour war die vom Kardinal Richelieu errichtete Akademie der Liebe, deren lächerliche Beschäftigungen und abgeschmackte Weisheit, so wie jene, bald unter der Geißel der Satyre von selbst aufhörten. — Je mehr man in diesem Zeitalter von Liebe schwatzte und je pomphafter man darüber stritt, desto weniger wahre Liebe wurde empfunden; und St. Palaye sagt, daß die Verliebten ihre Sprache und ihren Witz weniger aus dem Plato, als aus der Schule des Scotus genommen hätten, und daß Ehebruch und unsittlicher Umgang mit Frauen und Jungfrauen unter den Rittern eben so gemein und wohl noch häufiger als bei den andern gewesen wäre. Eine eben so genaue als lächerliche Nachäffung dieser Cours d'amour war gegen das Ende des vierzehnten Jahrhunderts der sogenannte verliebte Hof, Cour amoureuse, der aus eben solchen hohen und niederen Bedienungen wie jener bestand, die mit Marschällen, Kammerherren, vornehmen Damen, Domherren, Doktoren, Advokaten, Jägern ꝛc. besetzt waren; dieser unförmliche Haufen zeigte die Verdorbenheit eines rohen Zeitalters an, wo man nicht einmal die leichte Kunst verstand, mit einem gewissen Anstande lasterhaft zu sein. An solchen Höfen der Liebe redete man nichts als von Qualen und Seligkeit der Liebe, und pries nichts als die Tugenden, Eigenschaften und Liebenswürdigkeiten der Schönen. Ein jeder hatte eine unumschränkte Gebieterin seines Herzens und seiner Gedanken, (dame souveraine de leurs pensées). Diese erhob er in den übertriebensten Ausdrücken, wenn er sie gleich nicht einmal gesehen, sondern nur von ihr gehört hatte; dieser widmete er sein Herz und seine Dienste; dieser schwur er ewige Treue; dieser klagte er seine unerträglichen

Leiden; und bei allen diesen platonischen Schwärmereien waren die Liebenden nie einander untreuer und begehrten nie mit heftigerer Liebe nach dem Ovidischen Genuß der Liebe, als zu eben dieser Zeit. Man begleitete diese mündlichen Betheuerungen mit unaufhörlichen Verbeugungen, Niederfallen auf die Kniee und selbst Niederwerfen zur Erde, und schloß endlich diesen lächerlichen Pomp von Ceremonien mit den kindischsten Spielen. Mitten unter diesen Anbetungen erlaubten sich die Ritter die schmutzigsten Anspielungen und Scherze, und in den Gedichten der Troubadours waren die größten Unanständigkeiten mit den größten Andächteleien vermischt, und machten so wie in der Denk- und Handlungsweise der Ritter einen lächerlichen Contrast. Es gehörte zur Gastfreundschaft der Ritter und Ritterfrauen, einem edlen, fremden, bei ihnen einkehrenden Ritter ein hübsches Mädchen beizulegen, womit sie sich die Nacht über die Zeit vertreiben konnten.

Die Ritter sahen die Kammerfrauen und Zofen ihrer Gemahlinnen und die in ihren Gynäceen arbeitenden Mädchen als Genossinnen ihres Harems an. Sie gingen nie auf die Jagd, ohne eine oder mehrere von diesen gefälligen Schönen mitzunehmen, um jedes Lustwäldchen in einen paphischen Hain verwandeln zu können.

Alle diese Courtoisie wird bei weitem von den ausgelassensten Orgien, Bällen und Schmausereien übertroffen, womit man die Tourniere beschloß und zu deren Schauplätzen man selbst die heiligen Klöster wählte, wo unter den schamlosesten Tänzen und Attituden, in Gegenwart des Königs, Jungfrauen entkränzt und geduldige Männer gekrönt wurden. Im Taumel der wilden Freude wagten die Ritter alles und die vornehmsten Damen schlugen nichts ab. — Man traue daher, sagt St. Palaye, ja den Lobeserhebungen nicht, die ein Jahrhundert dem andern gab oder zu geben pflegt. Die alte, zärtliche, beständige und reine Liebe, die man als einen Vorzug unserer Vorfahren anzusehen pflegt, war von jeher das Muster, was die Sittenrichter eines jeden Zeitalters ihren Zeitgenossen vorhielten, und so wie Marot über den Verlust der Liebe der guten alten Zeit klagte, so klagten schon Dichter, die drei bis vier Jahrhunderte vor ihm lebten. Hugue Brunet, einer der ersten Troubadours, bejammerte es schon, daß die Liebhaber seiner Zeit durch ihre Ungeduld das Reich der Liebe zerstört hätten, da sie jetzt gleich die höchsten Belohnungen derselben verlangten, die ehemals nur die Frucht einer langen Beständigkeit gewesen wäre; daß man jetzt den blumenreichen Pfad der Liebe, welcher zur wahren Glückseligkeit führte, nicht mehr kenne, und daß man die Freuden der Liebe, die sonst den feurigsten Liebhaber drei Monate lang befriedigt hätten, jetzt verschwenderisch in einem Tage genösse. Ich habe noch die Zeit erlebt, sagt dieser Dichter, wo ein Band, ein Ring, ein paar Handschuhe eine hinlängliche Vergeltung für alle Beweise von Liebe und Ehrfurcht war, die ein Liebhaber seiner Göttin während eines ganzen Jahres gegeben hatte. Heutzutage ist alles verloren, wenn man nicht gleich auf der Stelle erhält, was man verlangt. In jenen glücklichen Zeiten hingegen, die nicht mehr sind, wollte man das höchste Gut lieber hoffen, als besitzen, und warum? Weil der zu bald befriedigte Liebhaber die süßen Stacheln des Verlangens, welches ihn reizte, zu schnell würde verloren haben. Warum? Ich wiederhole es noch einmal, weil die höchste Gunst, welche die reine keusche Liebe vorenthält, tausendmal süßer ist, als diejenige, welche die unreine Liebe verschwendet. Obgleich jeder Greis die Zeiten jener Jugend partheiisch zu loben gewohnt ist und jedes Menschenalter glaubt, daß Ordnung, Zucht und gute Sitten erst mit dem vorhergehenden ausgebrochen seien, so ist doch in den ersten Zeiten der Ritterschaft der freilich schnell vorübergegangene Zeitpunkt zu suchen, wo die Damen keusch und die Ritter treu und bieder waren, was sie in der Folge nur scheinen wollten.

Einer der enthusiastischsten und albernsten Ausbrüche, welche der Geist des Ritterwesens im vierzehnten Jahrhundert nahm, war der Orden der verliebten Leidenschaft, von welchem der Ritter de la Tour als Augenzeuge redet und ihn unter dem Namen der Galois und Galoises beschrieben hat.

Die Ritter und Knappen, Frauen und Jungfrauen, die sich zu diesem Orden vereinigten, erhoben die Liebe zu ihrer Gottheit und die Pflichten und den Dienst der Liebe zu einem wirklichen Gottesdienst. Die Ordensbrüder und Ordensschwestern suchten einander in den Proben der Standhaftigkeit zu übertreffen, womit sie die Beschwerlichkeiten der Witterung und Jahreszeit ertrugen. Männer und Weiber machten aus Sommer Winter und umgekehrt. Im Sommer trugen sie die wärmsten Kleider, die dicksten Pelze, und heizten ihre Zimmer. Im Winter hingegen hüllten sie sich in die dünnsten Gewänder, schliefen unter den leichtesten Decken, bekränzten ihre Kamine mit Laubwerk und Blumen, und hielten es für eine Schande, bei der strengsten Kälte Feuer anmachen zu lassen, oder sich daran zu wärmen. Wenn ein Ordensbruder eine verheirathete Ordensschwester besuchte, so entfernte sich der Mann augenblicklich und kehrte nicht eher in sein Haus zurück, als bis der Ordensbruder wieder weggegangen war, woraus eine Gemeinschaft der Weiber entstand. Diese Schwärmer kamen vor Kälte um und starben, wie der gute Ritter de la Tour nicht zweifelt, in ihren Ordenspflichten als wahre Märtyrer der Liebe. Auf diese Art war bald die ganze Sekte verschwunden.

Unter den Schriften dieses Zeitalters zeichnete sich besonders das Werk des Gniarts über die Kunst zu lieben aus, welches an unzüchtigen Stellen bei weitem den schlüpfrigen Ovid übertraf.

Bei allem diesem, setzt St. Palaye hinzu: wage man es nun noch, uns die Jahrhunderte der Unwissenheit und Barbarei zu loben! —

Im Anfange des sechzehnten Jahrhunderts waren die Sitten der Höfe und Städte, der Laien und Geistlichen in Deutschland noch eben so verdorben, als in den vorhergehenden Zeiten. Luther kannte selbst die besten Fürsten seiner Zeit genau und pflegte von ihnen zu sagen: Ein Fürst ist Wildprett im Himmel; und an einer andern Stelle: Gewöhnlich regieren nur Bösewichter und Tyrannen. Ihre strengsten Verordnungen gegen die Hurerei und das Uebertrinken fruchteten nichts, weil ihre eigenen Beispiele noch immer diese Gesetze schändeten. Auf dem Reichstage zu Worms 1521 tranken sich noch viele Fürsten und Herren zu Tode, und alle Straßen waren, wie ein Augenzeuge, der Pütter, berichtet, mit Räubern und Mördern, mit schönen Frauen und feilen Dirnen angefüllt. — In den Städten dauerten Bordelle und gemeinschaftliche Bäder beider Geschlechter, wilde Völlerei und Schwelgerei bei Hochzeiten, Kindtaufen und andern Gesellschaftsschmäusen; unehrbare Kleidungen und Tänze rc. noch lange nach der Reformation fort; länger in den protestantischen Provinzen als in katholischen, länger in Deutschland als in Frankreich. Selbst in Wittenberg war noch kurz vor Luthers Tode die Prachtliebe der Weiber so ausschweifend, ihre Kleidung so unehrbar und die Zudringlichkeit der Mädchen so schamlos, daß der etwas grämliche Reformator diesem Unfug nicht länger zusehen konnte, sondern plötzlich wegging und auch seiner Frau befahl, das neue Sodom zu verlassen. Es war freilich nicht möglich, durch die große Revolution in der Religion und Denkungsart vieler deutschen Völker das lebende verdorbene Geschlecht auf einmal umzuschaffen.

Die Synodalschlüsse der Bischöfe und die häufigen Strafgesetze gegen die Säufer und Wollüstlinge (potatores et hircones) des geistlichen Standes, wider das Tragen unehrbarer und schamloser Kleider, wider das Sehen und Aufführen schändlicher Schauspiele, wider das Unterhalten und Besuchen der Beischläferinnen und öffentlichen Weiber ꝛc. sind eben so viele Beweise von der fortdauernden Zügellosigkeit des Priesterthums in diesem Jahrhundert. Im Jahre 1562 setzte ein Gesandter des bayerischen Hofes die versammelten Väter durch seine freimüthigen Urtheile über den geistlichen Stand in die größte Verlegenheit. Alle Verbesserungen sind unnütz, sagte er, wenn man nicht vorher die Sitten der Geistlichkeit bessert. Unter hundert Priestern findet man kaum drei oder vier, die nicht in einem öffentlichen oder heimlichen Concubinat leben und ungestraft die infamsten und unnatürlichsten Handlungen begehen, die ich nicht erzählen kann, ohne die keuschen Ohren meiner Zuhörer zu beleidigen. Ich bitte daher um die Errichtung guter Schulen und Akademien, auf welchen tüchtige Pfarrer gebildet werden, und um die Aufhebung des Cölibats, der keine göttliche Einrichtung ist; denn ohne die Priesterehe wird die Besserung der Geistlichkeit unmöglich bleiben.

Geschlechtsausschweifungen unter den heutigen außereuropäischen Völkern.

In den Augen der Barbaren ist die Befriedigung der Geschlechtsliebe das erste Bedürfniß eines menschlichen Wesens. Daher ist es in Sibirien eine Pflicht der Gastfreundschaft, Fremdlingen oder einkehrenden Bekannten Weiber oder Töchter anzubieten. Der sibirische Ehemann hat ein unumschränktes Recht, mit den Reizen seiner Frau zu wuchern und sie, wie seine Rennthiere oder Hunde und Schlitten, gegen ein Aequivalent auf eine Zeitlang abzutreten. Er sieht es als eine Beeinträchtigung seines Eigenthumsrechts an, wenn seine Frau sich Andern, und besonders Einheimischen, ohne sein Wissen übergibt, allein er läßt sich leicht befriedigen, wenn ihm ein Schaaf zur Entschädigung angeboten wird. Wünscht jemand die Frau seines Nachbars zu besitzen, so ist nichts leichter, als deßfalls ein Abkommen zu treffen. Man tauscht entweder Weib gegen Weib, oder der Liebhaber erhandelt sie für eine Blase voll Thran. Aber noch mehr als diese schamlose Bereitwilligkeit, mit welcher sich die sibirischen Weiber einem Jeden in die Arme werfen, beweist ihre tiefe Sklaverei, daß selbst Frauen, wenn ihre jugendlichen Reize und ihre Fruchtbarkeit zu verschwinden beginnen, ihren Männern jüngere Weiber zuführen und als

Sklavinnen derselben alle schweren Arbeiten des Hauses verrichten.

Von allen sibirischen Weibern unterscheiden sich ihre Schwestern in Kamtschatka auf das auffallendste dadurch, daß sie nicht allein in einer weit geringern Abhängigkeit von ihren Männern leben, sondern sogar eine gewisse Herrschaft über diese ausüben. Der Vater verheirathet seine Tochter nicht ohne ihre Einwilligung: der Mann theilt alle Lasten des häuslichen Lebens mit seiner Frau, und so lange diese noch Ehegenossin ist, muß er seine verliebten Abenteuer sorgfältig vor ihr verbergen, wenn er nicht, wie durch andere Versündigungen gegen das Hausregiment der Frau, der ehelichen Umarmungen und des Tabacks, unentbehrliche Genießungen für jeden Kamtschadalen, auf einige Zeit lang beraubt sein will. Dieses Bedürfniß und die Gunstbezeugungen ihrer Weiber erzwingen sie nicht etwa mit Gewalt, sondern durch die demüthigsten und anhaltendsten Bitten und Liebkosungen. Steller sucht den Grund dieser Herrschaft in den Vorzügen des Körpers und des Geistes, wodurch sie sich vor allen übrigen sibirischen Weibern auszeichnen und wodurch sie um so leichter ein Uebergewicht über ihre Männer gewinnen, da diese durch einen unmäßigen Hang zur sinnlichen Liebe an ihre Weiber gefesselt werden. Aber diese Weiber werden selbst, wie alle ihre übrigen sibirischen Schwestern, von einer solchen heftigen Geschlechtsbegierde beherrscht, daß sie sich öffentlich den Umarmungen ihrer Männer und Liebhaber überlassen, und so wie ihre Männer selbst vor den Augen der

Kinder die unnatürlichsten Lüste ausüben und ohne Scham öffentlich niederkommen. Ihre Sinnlichkeit ist so thierisch und unwiderstehlich, ihre Treue so geringe, daß sie sich einem jeden Manne preisgeben, und daher von Steller die Weiber aller Männer, so wie die Männer die Beischläfer aller Weiber genannt werden. Wegen ihrer unersättlichen Wollust ziehen sie die stärkeren und mannhafteren Kosacken und Russen ihren schwächeren Landsleuten weit vor, und sie waren es daher auch, die den fremden Eroberern fast alle Verschwörungen ihrer Väter, Männer und Brüder verriethen. Bei dem ersten Eindringen ins Land erbeuteten die Kosacken oft ein Harem von zehn, zwanzig, dreißig Mädchen und Weibern, die sie wie andere Waaren auf's Spiel setzten. Manche Mädchen wurden drei- oder viermal an einem Abend verspielt und von den Gewinnern sogleich in Besitz genommen. Sie schätzten die kosackischen Liebhaber so hoch, daß sie, wenn sie von ihnen verschmähet wurden, voll Verzweiflung davonliefen und sich selbst umbrachten. In Stellers Zeiten konnte man keine Kamtschadalin durch eine andere Versprechung und Belohnung bewegen, für jemanden zu nähen, zu waschen, oder andere kleine Dinge zu verrichten, als durch thätige Liebesbezeugung, die man keiner bewies, ohne daß sie sich dieser Ehre im ganzen Dorfe gerühmt hätte.

Bei allen übrigen sibirischen und vielen russischen Völkern, sowie bei den meisten Wilden der neuen Welt herrscht die Gewohnheit, die Kinder, noch ehe sie geboren sind, zur Ehe zu versprechen, und besonders ihre Töchter, schon in der frühesten Kindheit, um eine gewisse Dienstzeit oder gegen gewisse Geschenke zu verkaufen, und Fremdlingen ihre Weiber und Töchter anzubieten, ohne alle Feierlichkeiten zusammenzulaufen und sich wieder zu trennen. Wenn sich der Amerikaner auch in seiner Hütte mit einem Weibe begnügt, so findet er doch in allen Gegenden und Dörfern Gelegenheit, seinen Hang zur sinnlichen Liebe zu befriedigen, da allenthalben die Eltern ihre Kinder, die Männer ihre Frauen, und die Weiber und Mädchen sich selbst für eine Kleinigkeit einem Jeden anbieten. Viele Wilde haben zwar zu gleicher Zeit nur eine Frau; allein diese Frau jagen sie mit ihren Kindern weg, sobald es ihnen einfällt, und sie wechseln, wie Dobrizhofer sagt, ihre Weiber häufiger, als die Europäer ihre Hemden. Werden die Weiber nicht weggeschickt, so müssen sie sich gefallen lassen, den jüngeren Weibern als Sklavinnen zu dienen. —

Auch in Neuengland gehört es zur Gastfreiheit, daß die Frau oder Tochter des Hauses ihr Bette mit dem Fremden theilt. Amburey fand in seinem Quartier, unweit Cambridge, nur zwei Betten. Er fragte, in welchem er schlafen sollte? „Unser Jonathan und ich, antwortete ihm eine alte Frau, wollen in diesem schlafen; für Sie und unsere Jemina ist jenes.“ Der englische Offizier dankte für diese Ehre und sagte, er wollte die Nacht aufbleiben. Jonathan aber erwiderte sogleich: O bewahre, Herr Fähndrich, Sie werden nicht der erste Mann sein, mit dem Jemina in einem Bette geschlafen hat! Nicht wahr,

Jemina? Nein, Vater, antwortete diese schalkhaft, bei vielen schon, aber noch bei keinem Brittannier. Amburey gesteht, daß ein solches niedliches, schwarzäugiges Mädchen, wie die Jemina, eine harte Prüfung für die Enthaltsamkeit sey, und versichert, daß er sich — nicht zu ihr gelegt habe.

Labat sah unter den amerikanischen Negern Kinder unter acht Jahren Versuche im Werk der Liebe anstellen. Er tadelte dieses gegen einen Alten, der diesen Spielen mit Vergnügen zusah, und wunderte sich, daß man es ungestraft zulasse. Der Alte antwortete ihm, daß das Geschäft der Begattung ebenso erlernt werden müsse, wie jedes andere Metier, und daß eine frühe Uebung dazu gehöre, um einst ein guter Arbeiter zu werden. Denjenigen, der in einer unfruchtbaren Ehe lebt, sehen sie daher als einen solchen an, der in seiner Jugend nichts gelernt hat.

Zur Zeit der Eroberung von Peru waren die Bewohnerinnen dieses Landes in eine solche üppige Wollust versunken, daß ihnen ihre Männer nicht mehr Genugthuung leisten konnten. Um die Extasen zu vermehren, waren sie auf das sonderbare Mittel gefallen, die männliche Ruthe mit Ringen zu umgeben, welche sie aus einem weichen, elastischen Harze verfertigten. Als sie die Kraft der Europäer kennen lernten, ward ihre Leidenschaft zu ihnen so heftig, daß sich dreihundert Weiber des Juka Atabalipa den spanischen Siegern auf dem Schlachtfelde preisgaben und ihnen hernach in Ermordung ihrer eigenen Landsleute die beste Hülfe leisteten. Von andern südamerikanischen Weibern erzählt man, daß sie in gleicher Absicht durch Anlegung giftiger Insekten das männliche Glied zu einer ungeheuren Größe anschwellen zu machen gewußt hätten; da sie aber diese giftigen Stiche nicht heilen konnten, so wurden ihre Männer langsame Opfer des Todes. Aus dieser Krankheit haben viele, selbst Herr Girtaner, den Ursprung der venerischen Seuche, aber ohne allen Grund, herleiten wollen.

In einem Lande, welches Mangel an Lebensmitteln hat, ist es dem Interesse wilder Völker nicht zuträglich, in großen Gesellschaften zu leben; in einzelnen Familien getrennt, erwerben sie leichter ihre Subsistenz, weil aus ihrer Vereinigung und gemeinschaftlicher Bemühung ein Vortheil für alle erwächst, welches bei großen Gesellschaften roher Menschen nicht möglich ist. Daher ist es unter mehreren Nationen, z. B. unter den Karaiben, Sitte, daß Männer ihre eigenen Mütter, Töchter und Schwestern zu Weibern nehmen. Daher sind alle Mitglieder von Gesellschaften wilder Menschen nahe Blutsverwandte. Verschwindet der gegenseitige Vortheil, das einzige Band ihrer kleinen Gesellschaft, so trennt sich von der alten eine neue Familie und sucht eine andere Gegend zu ihrem Aufenthalt. — Roger berichtet, daß es unter den Amerikanern Männer gibt, welche auf ihre Weiber sehr eifersüchtig sind und ihre Untreue mit der härtesten Strenge bestrafen, und daß andere behaupten, es sei unter der Würde eines Mannes, die Keuschheit eines Weibes in Zweifel zu ziehen. Ueberhaupt herrscht unter den Bewohnern der neuen Welt, welche im Verhältniß gegen ihre ungeheure Größe unbevölkert genannt werden kann, die größte Verschiedenheit in Hinsicht der körperlichen Bildung, der geistigen und sittlichen Anlagen. —

Die Afrikaner, und unter diesen die Neger, sind an körperlicher Gestalt und geistigen Anlagen eben so verschieden, als das Klima, welches sie bewohnen. In dem innern Afrika unter den Negern auf der Westküste gibt es Menschenfresser, Nationen, die auf der niedrigsten Stufe der Cultur stehen. Weit gesitteter sind die Nordafrikaner und unter den Negervölkern trifft man ganze Nationen an, deren moralischer Charakter gut und sanft ist, und die die weibliche Keuschheit bei ledigen und verheiratheten Frauenzimmern schätzen. Das heiße Klima schwächt die geistigen Fähigkeiten und gibt der Sinnlichkeit ein überwiegendes Gewicht. Die Neger leben in den heißern Ländern der Erde; die auffallendsten Wirkungen des mächtigen Einflusses des Klima's zeigen sich selbst in solchen organischen Theilen der Neger, die mit dem Trieb der sinnlichen Liebe in dem genauesten Verhältnisse stehen. Die aufgeworfene Lippe, welche man bei diesen Nationen antrifft, wird auch bei weißen Menschen für das Zeichen eines sehr sinnlichen, so wie ein feiner Purpurfaden derselben für das Merkmal eines feinen und kalten Geschmacks gehalten. Ein Negerkind wird weiß geboren; die Haut um die Brustwarzen und die Geschlechtstheile färben sich zuerst. „Die Natur", sagt Herder sehr richtig, „hätte kein Afrika schaffen müssen, oder in Afrika mußten auch Neger wohnen.“ Unter dieser glühenden Zone mußte daher bei der ölreichen Organisation der Neger ihr Geschlechtstrieb sehr heftig seyn.

Die Neger nehmen so viel Weiber, als sie ernähren können. Jede wohnt abgesondert und besucht den Mann in ihrer Woche, oder in ihrem Monat, um die Freuden der Ehe zu genießen und die Küche des Mannes zu besorgen. Unter gewissen Negervölkern erhält diejenige Frau, welche der Mann zuerst gewählt, oder die den ersten Sohn geboren, vor den übrigen Weibern und Beischläferinnen den Vorzug, daß sie drei Nächte beim Manne schläft, wenn die übrigen Weiber dies Glück nur eine Nacht genießen. Manche Neger haben nicht weniger als hundert Weiber; Moore fand einen Flecken bei Brukoe, in dem Niemand wohnte, als ein Mann mit seinen Weibern, Kindern und Sklaven. Hundert Kinder sind für den Neger eine Kleinigkeit, und jener Alte bedauerte mit Thränen, daß er deren nur siebenzig habe.

In Guinea gibt's Neger, die sehr eifersüchtig sind, die die Untreue ihrer Weiber mit Verstoßung oder mit dem Tode bestrafen, oder sie in die Sklaverei verkaufen. Alle unverheiratheten Negerinnen genießen dagegen hier ein so unbeschränktes Recht über die Befriedigung ihrer physischen Liebe, daß sie sich selbst bei der Ueberraschung durch ihre Eltern gar nicht stören lassen. Der Mißbrauch dieser Freiheit bringt ihnen mehr Ehre als Schande. Sie sind stolz darauf, von einem Europäer geschwängert zu werden; und die Neger sind begierig, ein Mädchen zu heirathen, das schon öfters Proben seiner Fruchtbarkeit abgelegt hat; sie sind froh, eine Braut zu finden, die sich durch ihre Buhlerei ein Vermögen erworben hat, welches sie für den dem Schwiegervater zu leistenden Brautpreis entschädigt.

Anderswo sind die Männer der Buhlerei ihrer Weiber und deren heftigen Begierde wegen zu den Umarmungen der Europäer weniger eigensinnig und bieten selbst ihre Weiber und Töchter den Fremdlingen an. Besonders geschieht dies unter allen denen, die mit Europäern in Bekanntschaft leben, und durch deren Handelsgeist und Laster so verdorben sind, daß sie gegen die Lockspeisen der europäischen Produkte, besonders gegen ein Glas Branntwein, alles verkaufen und zu allem zu bereden sind.

Viele Negerköniginnen und auch Priesterinnen der großen Schlange in Whida haben das Recht, sich so viele Männer zu nehmen, als ihnen beliebt, und keiner darf diese Aufforderung ausschlagen. Ihre Männer müssen es ohne Murren ertragen, daß diese geheiligten Metzen sich allen Ausschweifungen überlassen, und dürfen es bei Lebensstrafe nicht wagen, ein anderes Frauenzimmer nur zu berühren. Nach den von Taheytischen Beobachtern uns mitgetheilten Nachrichten kann wohl Niemand wagen, dieser zum Theil so ausgearteten Menschenrace alle Anlagen und Kräfte zum Fortschritt zu einer höheren Cultur abzusprechen. Wer kann läugnen, daß die äußeren Verhältnisse der Neger nur allein die Schuld ihrer traurigen Beschränktheit tragen! — Sind sie nur einmal den schimpflichen Fesseln der Sklaverei, den unmenschlichen Behandlungen der aufgeklärten europäischen Barbaren entrissen, fehlt es ihnen nur nicht an Unterricht und Gelegenheit, ihre natürlichen Talente zu entwickeln, so wird man gewiß bald ganze Negernationen auf der Stufe sehen, worauf sich schon jetzt viele Individuen unter ihnen befinden, so ungünstig auch übrigens das Klima der Geistesverfeinerung ist. Wir sind durch eine Menge Züge großer, edler und tugendhafter Negerhandlungen überzeugt, daß der Neger von Natur ebensowohl als der weiße Europäer jeder moralischen Verbesserung und selbst der erhabensten Tugenden fähig ist. Selbst der hohe Grad von üppiger Verfeinerung, wozu es mehrere Negerinnen im Genuß der Liebe gebracht haben, bestätigt diese Wahrheit. Hiervon will ich folgendes von Bruce erzähltes Beispiel einer galanten Negerin in Senegambien anführen.

Sie war in den Künsten der Koketterie und Buhlerei so erfahren und geübt, als es eine europäische Heldin dieser Art nur immer sein kann. Sie nannte sich Signore Beliguera, war groß, schön und wohlgebildet, besaß viel Witz und Verstand, und noch mehr Schlauheit; sprach und schrieb sehr gut französisch, englisch und portugiesisch und wußte sehr angenehm zu unterhalten. Sie war die Tochter eines Negerkönigs und die Wittwe eines Portugiesen.

Sie besaß beträchtliche Reichthümer, ein schönes, wohl möblirtes Haus und viele Bediente. Sie hatte ihre Kunst, Männer zu bestricken, schon an manchen Europäern erprobt, und Manchem waren die Reize gefährlich worden. Damals hatte sie den Negerkönig von Barra in ihrem Netze und wußte ihre Gewalt über denselben sehr wohl zu benutzen; darum bewarben sich die Europäer um ihre Gunst. Auch Hr. Bruce machte ihr aus solchen politischen Gründen seine Aufwartung. Sie empfing ihn in einem großen Saale, der nach portugiesischer Art auf drei Seiten Thüren hatte und mit Vorhängen und Stühlen versehen war. Die Mittagsmahlzeit war nach europäischem Geschmack zubereitet und auf eine mit sauberem Leinenzeug bedeckte Tafel gesetzt. Treffliches Obst, fettes Geflügel und schmackhafte Braten waren die vorzüglichsten Speisen, und das Getränke bestand aus Palmwein und Punsch. Die Negerdame trank aber während der Mahlzeit nichts als Wasser und zu Ende derselben etwas Punsch. Sie unterhielt die Gesellschaft sehr angenehm, und an ihr lag die Schuld nicht, wenn sie keine Eroberungen machte. Sie trug ein feines Mannshemde mit goldenen Knöpfen an Hals und Armen; über dasselbe hatte sie nach portugiesischer Mode einen Leibrock von Atlas, und ihr Unterrock war aus einem feinen Stücke vom grünen Vorgebirge. Ihr Kopfschmuck war nach Art eines Turbans von weißem Nesseltuche mit Gold besetzt, der sich über der Stirne etwas in die Höhe hob. Sie hatte eine Halsschnur von goldenen Kugeln, mit andern von Ambra und Korallen vermischt und fast an allen ihren Fingern schöne Ringe. Diese Kleidung trug nicht wenig bei, ihr einnehmendes Ansehen zu verschönern. Bruce machte ihr ein schönes Geschenk und war vergnügt, daß er bei einem so gefährlichen Frauenzimmer noch so wohlfeil davonkam.

Im Lande Gutto, in Habyssinien, verbindet die Etikette den fremden Gast, bei einer nahen Verwandtin des Wirths zu schlafen. Bruce bekam die Schwester eines vornehmen Mannes zur Beischläferin und hatte nicht Ursache, sich über sein Loos zu beklagen. Die Habyssinier kennen keine ehelichen Verbindungen; sie trennen und vereinigen sich, so oft es ihnen gefällt. Wenn sie sich bei ihren kannibalischen Gastmahlen mit dem, von einem lebendigen Vieh stückweise abgelösten Fleisch gesättigt haben, so ist es in ihren Augen eine höchst gleichgültige Sache, mitten in der Gesellschaft nun auch das Bedürfniß der sinnlichen Liebe zu stillen. Es geschieht weiter nichts, als daß zwei Mannspersonen ihr Obergewand statt eines Schirms vorhalten. Ist das Duodram vollendet, so trinkt die Gesellschaft auf die Gesundheit des glücklichen Paares, unterdeß ein anderes denselben Act wiederholt. Bei diesen und vielen andern rohen Sitten haben die Habyssinier die religiöse Wuth, ihre Vergehungen dadurch gut zu machen, daß sie Kirchen erbauen oder Vermächtnisse dazu hinterlassen. Daher findet man in keinem Lande der Welt mehr Kirchen und im Verhältniß mit diesen weniger Sittlichkeit, als in Habyssinien.

Der größte Theil der Südseeinsulaner, besonders die Bewohner der günstigen Zonen, haben eine gewisse Cultur. Sie treiben einigen Handel mit Cocosöl, Kleidungsstücken und Papageyenfedern. Die Vornehmen sind einigem Luxus ergeben. Durchgehends ist bei ihnen die Monogamie eingeführt und die Ehen werden ziemlich rein gehalten, außer bei den höhern Ständen. Vor der Ehe sind die Mädchen nicht gewissenhaft im Umgange mit ihren Liebhabern. Es ist eine Art von Unehre für ein Mädchen, noch nicht mannbar zu sein. Daher werden sie, sobald eine Anzeige davon hervorgeht, sogleich an den Lenden mit schwarzen, breiten, bogenförmigen Streifen tättowirt. Wirft man einem Mädchen vor, daß sie diese Zeichen noch nicht besitze, so darf sie schon, wie Forster bemerkt, ihrer Ehre wegen, den Spötter bei seiner irrigen Meinung nicht lassen, sie zögert daher nicht, denselben tunica velata recincta, durch den Augenschein von dem Gegentheil zu überzeugen.

Die Weiber von Neuseeland sind munter und tanzen viel. Dennoch scheinen sie Schamhaftigkeit zu haben. Eine Seeländerin bezeigte einem von Cooks Matrosen Gefälligkeit. Dieser forderte mehrere Proben auf Kosten ihrer Keuschheit; von diesem Augenblicke an litt sie ihn nicht mehr um sich. Die Ehe legt den Weibern eine unbestechliche Treue auf. Ledige Frauenzimmer überließen sich hingegen den Matrosen des Cook; indeß befragten sie immer erst die Männer als ihre unumschränkten Gebieter. Sie erhielten ihre Einwilligung gegen ein Geschenk und ließen sich von ihren Liebhabern ein anderes geben. Viele überließen sich ihnen mit Widerwillen, und würden ohne Befehl und Drohungen der Männer die thierischen Begierden der Europäer nicht befriedigt haben. Die tyrannische Herrschaft der Männer über die Weiber in Neuseeland ging so weit, daß sie ihre Töchter und Schwestern ins Schiff schleppten und sie, ihrer Thränen und Klagen ungeachtet, in den finstern Gemächern des Schiffes der viehischen Begierde eines Jeden ohne Unterschied preisgaben. Sie glaubten, ihre unwiderstehliche Begierde nach außerordentlichen Sachen, eisernen Werkzeugen u. dgl. nicht wohlfeiler einhandeln zu können.

Auf Taheiti, den Societäts- und Freundschaftsinseln, herrscht zwischen beiden Geschlechtern weit mehr billige Gleichheit, und die Achtung, die man hier den Weibern bezeigt, ist ein unumstößlicher Beweis, daß diese Insulaner an Cultur jenen weit vorstehen. Die Bildung der taheitischen Schönen, ihr holdes Lächeln, ihr sanfter und feuriger Blick, vereint mit aufgeweckter Laune, lebhafter Einbildungskraft, mit ungewöhnlich reizbarem Gefühl, Sanftmuth und Gefälligkeit, mit Einfalt und Offenherzigkeit; dies alles macht keinen geringen Eindruck auf das Herz der Männer und sichert dem Frauenzimmer einen gewissen Einfluß in öffentliche und häusliche Geschäfte, wodurch einige Reisende zu dem Irrthum verleitet worden sind, die Männer für Sklaven der Weiber zu halten. —

Die Wollust der Taheitier ist unstreitig die

schlechteste Seite ihres Charakters. Der gastfreie Taheitier achtet es für seine Pflicht, den Fremdling in seiner Hütte, wo nicht etwa ein verborgener Winkel ist, jede Hauptbestimmung seines physischen Daseins erfüllen zu lassen. Man sieht hier Palmenwälder in amathusische Myrthenhaine sich verwandeln, wo Einheimischen und Ausländern jede Gunst gewährt und sogar geboten wird. Ist ein Kind die Folge, so wird aus einem Liebeshandel eine ordentliche Ehe; wo nicht, so fällt doch auf das Mädchen kein Vorwurf, sondern sie ist, nach wie vor, eine annehmliche Parthie. Die verehelichten Weiber sind hingegen wahre Muster der Treue. —

Es scheint, daß sich bei diesem Volke, das unter einer der glücklichsten Zonen des Erdkreises, unter einem immer milden und heitern Himmel lebt, dem die Natur die schönsten und herrlichsten Früchte freiwillig darbietet, die sinnliche Liebe, als der höchste Genuß seiner Glückseligkeit, seinen Gebräuchen beigemischt habe. Cook und seine Reisegefährten sahen in Gegenwart vieler anderer Menschen, daß ein beinahe sechs Fuß großer Jüngling und ein Mädchen von ungefähr eilf bis zwölf Jahren öffentlich der Venus ihre Liebe opferten, ohne dabei die mindeste Idee oder ein Gefühl von Unanständigkeit blicken zu lassen. Unter den Zuschauern befanden sich auch viele angesehene Frauenzimmer, und insbesondere die Königin Oberna, die bei dieser Ceremonie den Vorsitz führte, indem sie dem Mädchen Anweisung gab, wie es sich dabei verhalten sollte; allein dieses, ob es gleich noch sehr jung war, bedurfte dieser Anweisung nicht. Sie thaten es, wie es schien, bloß, um sich nach einer Landessitte zu bequemen, und nicht, um eine geheiligte Ausschweifung zu begehen. —

Die Königin Oberna hatte nicht nur Schaaren von Liebhabern um sich, sondern überließ sich auch ohne Scheu den Engländern, ohne sich in den Augen ihrer Unterthanen zu entehren, oder diesen ein Aergerniß zu geben. Auf Taheiti, den Freundschaftsinseln und anderen benachbarten Inseln gibt es eine Gesellschaft, die sich Erricy nennt, die durchgehends aus Kriegern besteht, deren ursprüngliche Vereinigung die Vertheidigung des Vaterlandes zum Zweck hatte. Durch die Vorzüge, welche sie sich vor Andern anmaßten, nichts zu thun und sich von der Arbeit Anderer zu nähren, durch den Ueberfluß an Lebensmitteln und andern Dingen, wodurch der Reiz ihrer sinnlichen Begierde vermehrt wurde, sank diese Gesellschaft von ihrer ursprünglichen Würde so tief herab, daß sie jetzt Feste feiert, die an ausgelassener Ueppigkeit an die Bacchanale der ausgearteten Griechen und Römer grenzen. Sie besuchen einander auf den verschiedenen Inseln und üben die größte Gastfreundschaft wechselseitig aus. Sie begehen ihre Feste unter den unmäßigsten Schmausereien und belustigen sich mit Kämpfen und Ringen. Die Weiber und Lustdirnen begleiten ihre schamlosen Tänze mit den wollüstigsten Stellungen, um die Begierden der Erricy's zu entflammen, denen sie sich auf der Stelle überlassen. Damit die oberste Klasse von Menschen den übrigen Einwohnern nicht gefährlich werde, so ist das Gesetz eingeführt worden, daß ein jedes von den Erricy's geschwängertes Frauenzimmer ihr Kind sogleich nach der Geburt ersticken muß. Diese durch Gewohnheit und Gesetze sanctionirte Unmenschlichkeit führt bei diesen ausgearteten Menschen die ihnen erwünschte Bequemlichkeit mit sich, daß das Kind dem Vater nicht zur Last fällt und die Mutter nicht in ihren Vergnügungen gestört wird. Dem Kinde wird nur unter der einzigen Bedingung das Leben geschenkt, wenn die Mutter einen Mann findet, der es als das seinige annimmt. In diesem Falle werden beide aus der Gesellschaft verstoßen und verlieren alle Vorrechte derselben, und Theilnahme an den wollüstigen Ausschweifungen. Es läßt sich leicht denken, daß durch die Erricy's die Künste der Buhlerei immer mehr unter diesem sonst so glücklichem und großmüthigem Volke, das nie liebenswürdiger aus der Hand der Natur hervorging, verbreitet werden müssen, und wahrscheinlich waren die Weiber, die zu Cooks Matrosen auf's Schiff kamen und sie durch Worte, Geberden und Tänze zur Wollust reizten, in dieser Gesellschaft eingeweihet.

Eine andere Ursache, welche die Weiber so geneigt macht, sich den Fremdlingen preiszugeben und beide Geschlechter so leicht zum Diebstahl verleitet, ist der unwiderstehliche Hang nach dem Besitz europäischer Waaren.

R. Forster erzählt von einem vornehmen T a h e i t i e r,

Potatau, dessen edlen Charakter die Weltumsegler so sehr und mit Recht bewunderten, der aber eine solche grenzenlose, heftige Begierde nach rothen Federn hatte, die in Taheiti für den kostbarsten Schmuck gelten, daß er alle seine Schweine, und was er sonst Angenehmes hatte, den Britten für solche Federn hingab; und als seine Habseligkeiten früher als seine Gier nach diesem Schmucke erschöpft waren, mit seiner Frau eins ward, daß sie sich dem Kapitän Cook anbieten sollte, um noch mehr solcher Federn zu bekommen; zu welchem Ende sie dann auch als ein bereitwilliges Opfer, tunica velata recincta — vor ihm erschien. Hier bewirkte also die Putz- und Habsucht des Taheitiers und die Wollust des Britten, was die Branntweinliebe anderer barbarischen Völker und der Eigennutz der europäischen Handelsleute bewirkt — Verläugnung des Naturgefühls!

Die Einwohner der Gesellschaftsinseln haben ein lebhaftes, zur Fröhlichkeit geneigtes Naturell. Die Hitze ihres Klima's verursacht eine Erschlaffung der festen Theile des Körpers und macht besonders die Vornehmen so träge, daß sie sich von Andern die Speisen in den Mund stecken lassen. Bei der reichlichen, gesunden Nahrung, die sie genießen, und unter einem so milden Himmelsstrich wirken die Geschlechtsreize mit verdoppelter Macht. Schon in der frühesten Jugend überläßt sich das schöne Geschlecht den zügellosesten Ausschweifungen und in allen ihren Gesängen und Schauspielen, welche sie mit den schlüpfrigsten Tänzen begleiten, athmet Begierde nach Wollust.

Wenn man die Sinesen und Japanesen ausnimmt, so achten alle übrigen Völker des südlichen Asiens und alle Bewohner der ostindischen Inseln die Ehre der weiblichen Keuschheit so wenig, daß sie den Europäern ihre Weiber und Töchter anbieten, und sie sogar zwingen, sich den Fremdlingen preiszugeben. Dieses thun nicht bloß Gemeine, sondern die Vornehmsten, die es sich, wie die Neger, zur Ehre und zum Glück anrechnen, wenn in ihren Familien Kinder von weißen Vätern geboren werden.

Die Sinesen übertreffen alle Südasiaten an Eifersucht; sie erlauben ihren Weibern gar keine Besuche von Männern und lassen sie auf Reisen in festen, mit eisernen Gittern verwahrten Gehäusen tragen; daher bleiben sie eben so roh, als sie aus den Händen der Natur hervorgegangen sind. Die gemeinen Lustdirnen und Tänzerinnen werden in Sina für unehrlich gehalten und bloß geduldet. Da sie öfters zu Unruhen Gelegenheiten geben, so wird ihnen nirgends erlaubt, innerhalb der Stadtmauern zu wohnen, oder ihre eigenen Häuser zu haben. Demungeachtet belief sich die Zahl der öffentlichen Buhldirnen, welche in den Vorstädten von Peking wohnten, auf fünfundzwanzigtausend. Gewisse Männer hatten die Aufsicht darüber, die jedoch wieder unter einem Oberbefehlshaber stehen. Dieser Befehlshaber ist verpflichtet, die fremden Gesandten alle Nacht mit frischen Bettgenossinnen freizuhalten.

In Japan ist hingegen der öffentliche Genuß der wilden Liebe privilegirt; und da die Sinesen dieses Land besuchen, um die in ihrem Reiche mehr eingeschränkte Lust zu genießen, so hat Japan den Namen des sinesischen Hurenhauses bekommen. Man findet in Japan eine Menge weiblicher Klöster, deren schöne Bewohnerinnen ihre frommen Wünsche den zärtlichen Umarmungen feuriger Mönche weihen. In Nagasacki, wo es die schönsten Menschen in ganz Japan gibt, besteht der schönste Theil der Stadt aus Häusern für Freudenmädchen. Arme Leute können ihre wohlgebildeten Töchter nicht besser anbringen, als daß sie solche in ihrer frühen Jugend einem Menschen verkaufen, der nach seinen Umständen zwanzig bis dreißig in seinem Hause aufnimmt, und ihnen durch Unterricht im Tanzen, in der Tonkunst, im Briefschreiben und andern die Liebe verfeinernden geheimen Künsten die reizendsten Talente verschafft, wodurch sie Männer und Jünglinge bestricken und zu Grunde richten.

In Tunkin, Pegu, Siam u. a. O. kommen selbst die reichsten Mandarinnen an Bord und fragen einen jeden Anlandenden, ob er keine Freundin oder Beischläferin brauche. Will sich Jemand während seines Aufenthalts im Lande ein Mädchen miethen, so schließt er den Preis mit der Familie ab. Wenn der Liebhaber abreist, kehrt sie in das väterliche Haus zurück und es fehlt alsdann nicht an Jünglingen, die sich um ihre Hand bewerben. Kommt er zum zweitenmal wieder ins Land, so darf er seine ehemalige Schöne selbst von ihrem Manne zurückfordern, und dieser nimmt sie bei der Abreise des

Fremden ohne Bedenken wieder auf. Dampierre u. a. versichern, daß diese Beischläferinnen ihren europäischen Liebhabern viele Treue beweisen und sie oft durch frühzeitige Warnung gegen die verrätherischen Anschläge der meuchelmörderischen Asiaten sichern.

So wie die Natur jedem menschlichen Wesen Kraft gibt, die seine Freiheit beschränkenden Fesseln zu tragen, so hat sie ihm auch Kraft und ein ewiges, nie ermüdendes Streben gegeben, diese Fesseln zu zerbrechen. Man findet daher auch beim weiblichen Geschlechte, sobald wir es aus Eifersucht tyrannisiren und unbefugterweise einschränken, Hang zu Liebesintriguen und Ausschweifungen. Dieser muß um so stärker sein, je mehr äußere Ursachen vorhanden sind, welche der Sinnlichkeit eine überwiegende Macht über den schwachen Verstand sichern. Dieser Hang muß dann wieder zur Entschuldigung der Fortdauer des Zwanges dienen. So wird die Wirkung wieder zur Ursache, und wenn die Weiber aufhören, selbst die Wächterinnen ihrer Ehre zu seyn, so gewinnen sie durch Bewahrung derselben ebensowenig an Achtung, als sie durch den Verlust der Ehre in ihren eigenen Augen verlieren. Dieß ist die Lage des schönen Geschlechts bei allen morgenländischen Völkern. Die Männer entschuldigen ihre Strenge mit den ausschweifenden Neigungen und dem listigen Charakter ihrer Weiber und Beischläferinnen, ohne sich einfallen zu lassen, daß sie die schöne Menschenhälfte gerade hierdurch in ein tieferes Verderben stürzen.

Die Lust eines Weibes, heißt es in den Gesetzen der Hindus, kann ebensowenig befriedigt oder gesättigt werden, als ein verzehrendes Feuer durch brennbare Materialien, die man hineinwirft, oder als das Weltmeer durch die Flüsse, die sich darein ergießen, oder als das Reich der Todten durch die Menschen und Thiere, die davon verschlungen werden. Das Weib, fährt der Geist der indischen Gesetzgebung weiter fort, hat sechs Untugenden; zuerst eine unordentliche Begierde nach kostbaren Kleidern und Schmuck und nach seltenen Leckereien; zweitens, einen unmäßigen Hang zum sinnlichen Vergnügen; drittens, eine unnatürliche Reizbarkeit gegen Beleidigungen; viertens, eine tiefe und versteckte Rachbegierde; fünftens, eine angeborne Bösartigkeit, vermöge deren alles Gute in andern Menschen als etwas Böses erscheint; und sechstens, eine Neigung zu allen lasterhaften Handlungen. —

Da die Hindus, Perser, Türken und andere Morgenländer den Weibern keine Anlagen zur Tugend, keine Fähigkeiten zu Kenntnissen zutrauen, und solche auch gar nicht von ihnen verlangen, so schätzen sie dieselben nur nach dem Grade des sinnlichen Vergnügens, welches sie geben können; daher hat eine gewisse Rundheit und Fettheit an dem Frauenzimmer in ihren Augen einen größern Werth, als die vollkommenste Schönheit, oder als die glänzendsten Talente und die edelsten Tugenden. Bei diesem gänzlichen Mangel aller wahren Liebe läßt es sich leicht begreifen, zu welchem hohen Grade das glühende

Klima und der wollüstige Asiate die Sinnlichkeit der geistlosen Weiber entflammt.

Die schönsten Mädchen werden in ihrer frühesten Jugend aufgekauft und zu tausenden in die Harems der Könige und Großen versammelt. Durch die träge und geschäftslose Ruhe, in welcher sie leben, durch die erhitzenden Nahrungsmittel und Leckereien, die sie genießen, müssen nothwendig ihre schon ohnehin heftigen Triebe zu einem verzehrenden Feuer angefacht werden, und da diese Triebe in den wenigsten Fällen auf eine natürliche Art befriedigt werden, so entstehen die scheuslichsten Ausbrüche unnatürlicher Lüste, Leidenschaften und Laster.

Dieß ist nicht die einzige Peinigung, wovon diese bejammernswerthe Menschenklasse gefoltert wird; Neid und Eifersucht gegen glücklichere Nebenbuhlerinnen, Entwürfe der Rache, diese zu vernichten, und endlich die Gewaltthätigkeiten ihrer Herren und Gebieter, die schimpflichsten Mißhandlungen von Verschnittenen vollenden das tiefe Elend, wozu diese unglücklichen, der ersten Menschenrechte beraubten Geschöpfe verdammt sind. Wenn man um eines einzigen nichtswürdigen Despoten willen so ein namenloses, unabsehbares Unheil über einen so großen Theil des Menschengeschlechtes gebracht sieht; wenn man diese Nationen schon seit Jahrtausenden auf derselben Stufe der Cultur stehen, in der Moralität aber immer tiefer sinken sieht, so muß in dem Busen jedes Menschenfreundes der heiße Wunsch erwachen, daß nun endlich die lang genug geduldete, verachtete, darniedergedrückte Natur sich ermannen und jenen wohlthätigen Genuß der Menschheit in diesen paradiesischen Gegenden der Erde wecken möchte, der den eisernen Scepter des Despotismus in den Händen der Sultane und Kalifen zertrümmere.

Eine kleine Beschreibung des königlichen Harems in Persien, dem alle übrigen im Orient ziemlich ähnlich sind, wird hier nicht am unrechten Orte stehen, und die Neugierde meiner Leser befriedigen.

Für diesen Harem werden die schönsten Jungfrauen aus Georgien, Circassien und aus dem ganzen persischen Reich zusammengesucht. Wenn man hört, daß sich irgend in einer Stadt, oder in irgend einer Familie ein Mädchen von ausgezeichneter Schönheit befindet, so bitten die königlichen Bedienten sich dieses ohne weitere Umstände für den Harem des Königs aus, und die Eltern geben ihre Töchter gerne her, oder suchen sogar durch allerlei Wege sie in den Harem des Königs zu bringen, weil sie alsdann eine mit dem Glücke ihrer Töchter steigende Pension empfangen und überdem hoffen können, andere Beweise von der Gnade ihres Königs zu erhalten. Sobald die neuen Schlachtopfer in den Harem des Königs eingetreten sind, so sehen sie außer ihrem Gebieter kein männliches Gesicht mehr; denn in dem Harem werden alle Handwerke, alle Hofdienste und Wachen, selbst alle gottesdienstlichen Verrichtungen von weiblichen Personen vollzogen. Nicht einmal weiße Verschnittene dürfen sich dem Harem nähern, damit ihr Anblick die eingeschlossenen Mädchen nicht lehre, daß es noch andere ihrem Könige ähnliche Männer gebe. Nur die häßlichsten und ältesten Neger aus Afrika, oder von der Küste Malabar, denen man alle Zeichen und Ueberbleibsel von Mannheit gänzlich geraubt hat, nur diese dürfen in den Harem kommen, und einer derselben ist der oberste Aufseher der Weiber, vor welchem selbst die Günstlinge des Königs zittern müssen, indem er, wenn er es nöthig findet, geißeln und tödten kann.

Eine jede Bewohnerin des Harems hat ihr abgesondertes Zimmer, oder höchstens wohnen zwei in demselben Gemach, eine junge und eine alte. Keine darf ihre nächste Nachbarin oder ihre nächste Freundin besuchen, ohne vorher Erlaubniß erhalten zu haben. Eine jede erhält täglich ihr Essen und zu gewissen Zeiten so viel Kleider und Gehalt, als ihr ausgesetzt sind. Auch wird eine jede von ihren besondern Sklaven und Sklavinnen bedient, unter welchen die erstern nicht nur entmannt, sondern unter zehn oder über fünfzig Jahren sind. Ihre einzigen Beschäftigungen sind Gesang und Tanz vor dem Könige, und einige Stickereien; die meisten aber bringen ihr Leben in einem gänzlichen Müssiggange zu. Auf weichen Sopha's hingestreckt, rauchen sie vom Morgen bis an den Abend Taback, und lassen sich von ihren Sklaven und Sklavinnen reiben, worin eine der vorzüglichsten Vergnügungen der Asiaten besteht.

Unter allen Schönen, die dem Könige gefallen, hat nur allein diejenige, die so glücklich ist, den ersten Sohn zu gebären, Ursache, ihr Schicksal zu segnen, weil sie hoffen kann, einst den Rang und das Ansehen der Königsmutter zu erhalten, die neben dem obersten Verschnittenen die größte Gewalt im Harem und außer demselben ausübt. Sie vergibt nicht nur die Würden, zu welchen man im Serail erhoben werden kann, wählt nicht nur diejenigen, die verheirathet werden sollen, und hat nicht nur das Leben der Beischläferinnen in ihrer Hand, sondern sie steht auch immer mit den Ministern in Verbindung, die ihrem Willen meistens eben so blindlings, als dem Willen des Königs gehorchen.

Alle übrigen Beischläferinnen, die nach der Erscheinung des erstgebornen Sohnes Kinder zur Welt bringen, werden in abgesonderte Theile des Harems gesteckt, wo sie viel strenger als die übrigen bewacht werden und in unaufhörlicher Gefahr schweben, sammt ihren Kindern von dem regierenden Könige oder von dessen Nachfolger hingerichtet zu werden. Unter allen Weibern, die Kinder am Leben oder geboren haben, oder die nur schwanger sind, hat keine jemals Hoffnung, herauszukommen und an vornehme Staatsbediente verheirathet zu werden, welches der sehnlichste Wunsch von allen ist.

Besonders werden sie nach dem Tode des Königs, dessen Beischläferinnen sie waren, in ein entferntes Quartier des Harems verschlossen, wo sie auf ewig von dem Harem und von der übrigen Welt getrennt sind. Um der Gefahr dieser rettungslosen Sklaverei zu entgehen, weichen alle Schönen des Harems den

Umarmungen des Königs soviel als möglich aus, oder suchen wenigstens Schwangerschaften und Geburten durch alle Arten von bösen Künsten zu verhüten; hierin liegt der Grund der häufigen Fruchtabtreibungen in den Harems der Könige. Die schönsten Mädchen brauchen allerhand Vorwände, am häufigsten den Vorwand der monatlichen Unpäßlichkeit, um die Begierden des Königs zu vereiteln, auf welche Täuschungen aber die grausamsten Strafen folgen, wenn sie entdeckt werden. Abes der zweite, König von Persien, ließ ein Mädchen, das sich seiner Liebe entzogen hatte, in einem Schornstein festbinden und durch unten angezündetes Holz langsam verbrennen.

Ungeachtet die Weiber des Harems ihren Aufenthalt als einen Verdammungsort und die Liebe des Königs als ihr größtes Unglück ansehen, so beneiden und verfolgen sie sich doch gegenseitig auf das feindseligste; sie mögen die Hoffnung, aus dem Harem herauszukommen, haben. Die Veranlassungen dazu sind bald größere oder häufigere Gunstbezeugungen des Königs, und besonders reichere Geschenke; bald das ehrgeizige Streben nach höheren Würden, bald die Begierde, vor den andern außerhalb des Serails vermählt zu werden; bald verzehrende Eifersucht der Tribaden unter einander.

Die Morgenländerinnen buhlen um die Gunst von schönen Mädchen mehr, als um die von Männern, und lieben sich unter einander feuriger, als sie ihre Männer und Gebieter lieben. Diese unnatürlichen

Neigungen bringen Haß gegen das männliche Geschlecht hervor, so wie die unnatürliche Liebe der Männer Gleichgültigkeit gegen Weiber hervorbringt. Hieraus entstehen unaufhörliche Verleumdungen und Vergiftungen, und diese ziehen beständige Untersuchungen, schimpfliche Geißelungen oder fürchterliche Todesstrafen nach sich. Einige werden in die entlegensten Theile des Harems verwiesen und zu den niedrigsten Arbeiten verdammt; andere werden mit Ruthen gepeitscht und noch andere erdrosselt, verbrannt oder lebendig vergraben. Durch alle diese harten Strafen aber kann der mächtigste König es nicht verhüten, daß ihm nicht bald ein geliebtes Weib und noch öfter seine Kinder durch Gift oder auf andere Art getödtet werden.

Die Königin-Mutter läßt von Zeit zu Zeit mehrere Kinder ihres Sohnes ersticken, wenn die Zahl beschwerlich groß zu werden anfängt. Die Könige wissen dieses, ohne es zu verhindern, und wenn sie es verhindern wollten, wie könnten sie die Wege der Bosheit in dem labyrinthischen und unermeßlichen Harem entdecken?

Nur selten aber sind die Harems der Morgenländer sehr kinderreich; denn wenn die Männer sich auch nicht so früh erschöpften, wenn sie sich auch nicht so oft in die Arme von Buhlerinnen würfen, oder der unnatürlichen Liebe opferten, als sie es wirklich thun, so ließe es sich schon aus dem Drucke und der Feindschaft der eingeschlossenen Mädchen und Weiber erklären, warum die Morgenländer im Durchschnitte weniger Kinder aufbringen, als die Europäer, die sich mit einem geliebten Weibe begnügen. Die Mütter verderben schon die Frucht ihres Leibes, noch ehe man es erfährt, daß sie empfangen haben. Wenn sie aber auch glücklich gebären, so werden sie oft durch heimliches Gift, oder durch den Befehl einer hartherzigen Großmutter im ersten Augenblick ihrer Geburt vernichtet.

Der Harem in Konstantinopel ist ebenso wie der in Ispahan eingerichtet. Selbst Ricaut hörte noch, daß, wenn der Kaiser in seinen Harem komme, alsdann alle Schönen in eine Reihe gestellt würden, damit er diejenige aussuchen und durch ein zugeworfenes Schnupftuch bezeichnen könne, welche ihm in der nächsten Nacht Gesellschaft leisten solle. Allein neuere Nachrichten erklären dieses alte, allgemein verbreitete Gerücht für ungegründet. Der Sultan ist durch ein Gewohnheitsgesetz seines Serails mehr als seine Unterthanen eingeschränkt; er kann nämlich nur an hohen Festen seine bisherige Beischläferin gegen eine andere vertauschen. Chardin versichert auch von den Königen in Persien, daß sie gewöhnlich lange an eine Beischläferin gefesselt bleiben. In den Harems der Großen sind zwar nicht so viel Verschnittene und so viel Weiber, als in denen der Könige; sonst aber herrschen darin eben die Gewaltthätigkeiten, Leidenschaften und Laster, als in diesen.

Der listige Unternehmungsgeist der Morgenländerinnen ist eine natürliche Folge ihrer von der Eifersucht der Männer entstehenden Einschränkung.

Weiber sind im Orient fast ohne Ausnahme der verführende und angreifende Theil; weil sie selten oder niemals schreiben können, so haben sie eine besondere Zeichensprache erfunden, wodurch sie ihren Geliebten ihre Wünsche und Entwürfe bekannt machen. Sie binden entweder Blumen auf eine gewisse Art in einen Kranz, oder sie legen Brod, Stroh, Salz, Holz und andere Kleinigkeiten in ein Schnupftuch zusammen und lassen den einen oder das andere durch eine treue Sklavin in sichere Hände überliefern. Auf diese Art machen sie ihren Geliebten die Zeit und den Ort bekannt, wo sie dieselben sehen wollen. Solcher Gelegenheiten, wo die Weiber des Mittelstandes ihre Liebhaber sehen können, gibt es mehrere. Entweder lassen sie dieselben in weiblicher Kleidung als Freundinnen oder als Kaufmannsfrauen zu sich kommen, oder sie entziehen sich bei dem Besuchen der Gräber heimlich und auf eine kurze Zeit der Aufmerksamkeit ihrer Aufseher und Aufseherinnen, die auch nicht immer unbestechlich sind, oder sie wechseln im Bade die Kleider und gehen dann vermummt an die Oerter, wo sie ihre Liebhaber bestellt haben. Oft fallen sogar Haufen von üppigen Weibern Fremdlinge an, denen sie an einsamen und abgelegenen Orten begegnen, und zwingen sie, ihre Wünsche zu befriedigen.

Unter Völkern, deren Könige und Großen zahlreiche Haufen von Mädchen und Weibern in ihren Harems versammeln, muß die Zahl der Frauenzimmer vermindert und folglich zugleich ihr Werth erhöhet werden. Oeffentliche Lustdirnen und vorübergehende Verbindungen mit gemietheten Weibern müssen daher hier viel unentbehrlicher sein, als da, wo keine Vielweiberei herrscht. Eben deßwegen ist das Miethen von Mädchen und Weibern auf eine Zeitlang in allen morgenländischen Reichen als eine besondere Art von Ehe erlaubt und wird wie die wahre Ehe öffentlich und von denselben obrigkeitlichen Personen geschlossen. Aus eben diesem Grunde findet man in allen großen asiatischen und afrikanischen Reichen Gesellschaften von Tänzerinnen, die eine besondere Zunft, Stand oder Schwesterschaft ausmachen, und für den Schutz, den ihnen gewisse Obrigkeiten gewähren, einen bestimmten Tribut erlegen.

Die Bajaderen in Hindostan sind junge Mädchen von zehn bis siebenzehn Jahren, die tanzen, singen und kleine Schauspiele aufführen lernen. Sie stehen unter der Aufsicht einer Matrone, die sie in allen weiblichen Künsten und namentlich in der Kunst zu gefallen unterrichtet. Diese wählt sich aus den niedrigsten Volksklassen die schönsten Mädchen in einem Alter von sieben bis acht Jahren, läßt sie zur Erhaltung ihrer Bildung inoculiren und führt sie dann zu den Kenntnissen und körperlichen Fertigkeiten ihres nachherigen Standes an, dessen Zweck und Bemühung auf nichts anderes gerichtet ist, als den Reichen und Vornehmen des Landes Unterhaltung und sinnliches Vergnügen zu verschaffen. Anfänglich wenigstens mag bloß dieß ihr Zweck gewesen sein; allein in der Folge ist es zugleich ein Gegenstand des Luxus geworden, wie denn Sinnlichkeit überall zur Verschwendung leitet. Nicht nur an den Hoflagern regierender Herren werden gewöhnlich jeden Abend, zur Unterhaltung des Hofes, Schauspiele und Tänze von solchen Bajaderen aufgeführt, sondern es gibt auch in jeder Stadt mehrere dergleichen Trupps von jungen Mädchen, die bei Gastmahlen reicher Privatpersonen, bei Familienfesten, bei Empfang und Bewirthung eines Fremden, kurz bei der geringsten Veranlassung erscheinen, um die Gesellschaft durch Künste und Reizungen zu vergnügen. Für ein Mädchen der besten Art erhält die Matrone, der sie angehört, für die Unterhaltung eines Abends hundert Rupien (oder Gulden), und oft werden zur Musik bei der Tafel, zu kleinen Zwischenspielen und Tänzen zwanzig solcher Personen erfordert, das ist dann eine reine Ausgabe von zweitausend Gulden für einen Abend!

Bei gesellschaftlichen Zusammenkünften erscheinen die Bajaderen, gleich zu Anfang, in dem Versammlungszimmer, begrüßen jeden ankommenden Gast mit Tanz, und überreichen ihm im Namen des Wirthes auf einem silbernen Teller Betel, Rosenwasser, Erfrischungen, auch wohl Geschenke, die der Wirth den Gästen macht; dann singen, spielen und tanzen sie wechselsweise, bis die Gesellschaft auseinander scheidet. Hat einer oder der andere Lust, die Talente einer von diesen Bajaderen näher kennen zu lernen und sie zu dem Ende bis zum folgenden Morgen bei sich zu behalten, so kostet es ihn gemeiniglich nur einen Wink. Die Matrone, welcher die Bajadere angehört, rechnet den Werth der Unterhaltung, die eine solche die Nacht hindurch, mit jener, welche sie den Abend über gewährt, zu gleichem Preise; eins wie das andere gilt hundert Rupien, davon bekommt aber das Mädchen nichts, sondern der, dem sie zu Gebot gewesen, muß ihr am Morgen noch ein besonderes Geschenk machen, und das besteht, je nachdem sie seine Erwartungen mehr oder weniger befriedigt hat, oder je nachdem er weniger freigebig oder reich ist, in einer Juwele oder einem Stück reichen Zeuges. Gastfreiheit und gute Lebensart gehen in Indien so weit, daß der Wirth dem Gaste, den er aus der Fremde bei sich beherbergt und dem er eine gute Aufnahme beweisen will, die Bajadere, welche demselben am besten gefallen hat, ins Schlafzimmer schicken und nicht nur die Matrone dafür bezahlen, sondern auch dem Gaste des Morgens beim Aufstehen das Geschenk zuschicken muß, das dieser seinem Mädchen, der Gewohnheit zufolge, zu überreichen verbunden ist.

Ungeachtet die Matrone dem Mädchen nichts als Unterhalt und Kleider gibt, die freilich an sich schon kostbar sind, so gelangen die letztern doch, durch die sogenannten freiwilligen Geschenke, oft zu beträchtlichem Reichthum. Es ist nichts seltenes, eine Bajadere der ersten Klasse zu sehen, die für zwanzig und mehr tausend Rupien Juwelen an sich trägt; denn sie sind gleichsam damit behangen.

Solche Tänzerinnen und Sängerinnen gibt es indeß auch von geringerer Gattung, sogar welche, die auf Verdienst im Lande umherziehen, die dann aber auch nicht so kostbar sind. Nach dem siebenzehnten Jahre, wenn die ersten verblüht sind, pflegen die Bajaderen nicht mehr als Schauspielerinnen ihre Reize öffentlich feil zu biten, sondern sich in eine Pagode unter den Schutz eines Braminen zu begeben: doch nicht wie in Europa, um aus Buhlerinnen alte Betschwestern zu werden, sondern hier ihre vorige Lebensart fortzusetzen. Was sie im Tempel mit ihren Reizungen gewinnen, gehört den Braminen, die ihnen dafür einen Aufenthaltsort oder Unterhalt geben.

Für unanständig wird übrigens dies Gewerbe in Indien weder für die Bajaderen, die es treiben, noch für Personen, welche Genuß davon haben, gehalten; denn die Mädchen tanzen den Götzen zu Ehren vor ihren Bildnissen in den Tempeln an Festtagen und bei feierlichen Processionen. Man glaubt, daß die Götter an den schamlosen Tänzen öffentlicher Weiber ein eben so großes Wohlgefallen als die Könige und Großen finden, und selbst die feurigen und wollüstigen Braminen, die diese Mädchen in die geheimen Künste der Liebe vollends einweihen, stehen im Rufe besonderer Heiligkeit.

Alle Reisebeschreiber versichern, daß diese bezaubernden Tänzerinnen die ungeheure Ueppigkeit der Morgenländer und den schleunigen Untergang ganzer Familien befördern, die so lange der Raubsucht der großen und kleinen Despoten entgangen sind. Sie richten nicht bloß Jünglinge, sondern die vornehmsten Männer häufig zu Grunde; sie verstricken selbst Könige, geben ganzen Völkern nicht selten künftige

Regenten und reizen durch ihre wollüstigen Tänze und Schauspiele die Sinnlichkeit der Orientalen bis zur Wuth. Chardin kannte viele vernünftige Männer, die einer oder der andern Tänzerin so ergeben waren, daß sie es selbst für unmöglich hielten, sich ihren Fesseln zu entreißen.

Diese unglücklichen Neigungen entschuldigten sie damit, daß sie von ihren Geliebten bezaubert seien. Solche Sklaven der Liebe werden an den Brandmalen, die sie am ganzen Körper, besonders an den Armen und in den Seiten haben, erkannt. Die Perser machen solche mit einem glühenden Eisen, und zwar um desto mehrere und tiefere, je verliebter sie sind, und je mehr sie ihre Gebieterinnen von ihrer Leidenschaft überzeugen wollen. Alle Reisebeschreiber haben mit dem größten Erstaunen die Stärke und Zauberkraft des Spiels dieser Buhlerinnen, und die Heftigkeit der durch sie erregten Begierden gesehen. Oft erscheinen sie ganz unbekleidet bei ihren pantomimischen, wollustathmenden Tänzen; sie suchen nicht nur durch Blicke, Mienen und Stellungen des Körpers den Zuschauern die Entzückungen der Liebe stufenweise auszudrücken, sondern sie erhitzen sich selbst dergestalt, daß ihre Tänze in wollüstige Convulsionen ausarten. Die Begierden mancher indischen Großen werden hierdurch so aufgereizt und unersättlich, daß sie oft in einer Nacht vier bis fünf Gesellschaften von Tänzerinnen kommen lassen, und wenn sie dann fast ganz vernichtet sind, sich dennoch in die Arme eines habessinischen Sklaven werfen.

In Aegypten gibt es gewisse Tänzerinnen, die sich, außer den buhlerischen Künsten, andere angenehme Kenntnisse und Fertigkeiten zu erwerben suchen. Man nennt diese Sängerinnen Alme oder Gelehrte, und diese Alme nehmen keine unter sich auf, die nicht eine liebliche Stimme hat, eine gewisse Kenntniß der Sprache und der Regeln der Dichtkunst besitzt, und aus dem Stegreif dichten, oder auf gegenwärtige Personen und Umstände Verse machen kann. Eben diese Alme wissen die schönsten englischen Gesänge auf die Unfälle von Liebenden, oder auf den Tod von Helden auswendig, durch deren Absingung sie die harten Türken bis zu Thränen rühren können. —

So verführerisch indeß alle Zierrathen und Künste der Tänzerinnen für den verdorbenen Orientalen sind, so wenig Eindruck würde ihr übertriebener Putz, oder die unzähligen Ringe, Bänder und Ketten, womit Ohren, Nase, Hals, Brust, Hände, Arme, Finger, Füße und Zehen behangen und bedeckt sind, auf den gesunden Geschmack eines Europäers machen; die eckelhaften, starkriechenden Schmierereien, womit sie Wangen, Lippen, Augen, Augenbrauen und selbst Hände und Nägel zu verschönern suchen, würden vielmehr die heftigsten Begierden nach ihrem Genuß ersticken. Sie punktiren sich sogar allerlei Blumenwerk auf Gesicht und Arme, oder nähen mit einem geschwärzten Faden einen schwarzen Ring um die Augen herum, wodurch das Feuer derselben, ihrer Meinung nach, unendlich erhöht wird. Die sinnreiche Art, wodurch sie die Reize ihres Busens, den vorzüglichsten Schatz ihrer Schönheit, zu erhalten bemüht sind, verdient noch bemerkt zu werden. Um dessen ungestaltete Vergrößerung zu verhüten, umgeben sie denselben mit zwei Futteralen von sehr leichtem Holz, die vermittelst eines Charniers zusammengefügt und hinten befestigt sind. Das Aeußere derselben ist mit einer Goldplatte belegt und mit Brillanten besetzt, das Ganze ist so glatt und elastisch, daß es die geringsten Bewegungen des Busens nicht verbirgt, und diese Kapsel wissen sie mit einer gleich geschickten Leichtigkeit ab- und anzulegen.

Geschlechtsausschweifungen im heutigen Europa.

Noch im Anfange des vorigen Jahrhunderts wurden vornehme Russinnen und deren Töchter so sehr eingeschlossen, daß sie nur die Kirchen und die nächsten Verwandten besuchen durften. Diese Sklaverei hat sich zwar sehr vermindert, und der Umgang des schönen Geschlechts mit dem männlichen ist wenigstens jetzt so frei, daß ein Fremder nicht mehr eine Ohrfeige befürchten darf, wenn er einem russischen Fräulein die Hand küßt; allein noch immer stellen sich Damen, als wenn sie vornehmen Herren die Hand küssen wollen, welcher Aeußerung morgenländischer Ehrerbietigkeit man dadurch zuvorkommt, daß man der Schönen einen Kuß auf die Backen gibt. — Die Sitten der Vornehmen beiderlei Geschlechts haben zwar einen gewissen Anstrich von Ehrbarkeit, aber der Genuß der Liebe unter diesem nordischen Himmel, besonders in großen Städten, ist eben so mannigfaltig und ausschweifend, als überall, wo fremde Sitten, Luxus und Schwelgerei sich einschleichen. — Der gemeine Russe sieht das Weib noch immer als ein Lastthier an, das zu nichts, als zur Arbeit und zur Befriedigung seiner thierischen Liebe da ist. — Die gemeinen Weiber müssen unaufhörlich arbeiten, müssen sich die verderblichste

Lebensart und die größten Mißhandlungen gefallen lassen, und sind noch immer an die Ausschweifungen und Gewaltthätigkeiten ihrer Herren so sehr gewöhnt, daß sie sehr selten deßwegen Klage führen. Die gemeinen Russinnen lieben zwar nicht Schläge um ihrer selbst willen, oder sehen sie nicht unbedingt als Zeichen der Liebe ihrer Männer an; allein wenn der Mann aufhört, seine Frau zu prügeln, so ist dieses ein sicheres Zeichen, daß er entweder die Frau als unheilbar aufgegeben, oder daß er sich ganz an andere Weibspersonen gehängt habe, ohne sich um seine Frau und seine Haushaltung weiter zu bekümmern, und in diesen Rücksichten, bemerkt Weber, könne eine Russin immer sagen, daß ihr Mann sie nicht mehr liebe, wenn er sie nicht mehr, entweder in wüthender Trunkenheit, oder um ihrer Unart willen, zu züchtigen pflegt.

Obgleich der Umgang mit dem schönen Geschlecht in Petersburg sehr frei und der außereheliche Genuß einer wilden Liebe überhaupt in Rußland gesetzmäßig erlaubt ist, so findet man hier doch keine privilegirten Häuser für Lustdirnen, außer an den Häfen, wo die Matrosen einkehren, und ein paar andere unbedeutende Ausnahmen abgerechnet. Eben so wenig gibt es hier privilegirte Mädchen, die unter der Polizei stehen, oder sich durch einen äußerlichen Anzug auszeichnen; und doch ist hier die Anzahl solcher unglücklichen Geschöpfe im Verhältniß so groß, als in jeder andern volkreichen Stadt. Sie wohnen zerstreut in der Stadt, meistentheils in der vierten

Etage, wo sie ungehindert Besuche annehmen und sie Niemand stört, so lange sie sich still verhalten.

Treiben sie es in der Verführung junger Leute oder Ehemänner so weit, daß Klage gegen sie entsteht, so werden sie aus der Stadt hinausgeschafft. — Die Courtisanen von der höheren Klasse werden unterhalten und machen zuweilen ein glänzendes Glück, aber niemals gelangen sie zu dem Rufe und dem Einfluß, wodurch diese Töchter der Freude in andern Hauptstädten oft so interessant und so merkwürdig werden. Der größte Theil der Entretenues ist aus der niedrigsten Klasse; bei sehr eingeschränkten Talenten sind ihre Ansprüche dennoch sehr groß. Ohne Grazie, ohne die Kunst, zu gefallen, von allen höheren Reizen entblößt, machen sie ungeheure Forderungen, die ihnen auch wegen des Mangels besserer Mitbewerberinnen gerne zugestanden werden. Ein Mädchen, welches ihrem Liebhaber hier tausend und mehrere Rubel kostet, würde in Paris kaum den Geschmack eines Kohlenbrenners befriedigen. Es gibt hier Buhlerinnen, die sich Equipagen und Bedienten halten, und die ihre Begünstigung für mehrere tausend Rubel verkaufen. —

Ein gewisser polnischer Fürst entbrannte gegen eine solche Priesterin und erkaufte ihre Gunst für hunderttausend Rubel. Unglücklicherweise befand er sich beim ersten Besuch in dem kläglichen Zustande des Unvermögens. Er wurde von seiner Schönen verhöhnt und nach einigem Wortwechsel zum Hause hinausgeworfen. Das Geld war verloren, denn er schämte sich, sie zu verklagen. Indeß wurde die Sache ruchbar, die Polizei wollte dem Fürsten Genugthuung verschaffen und verbannte das Mädchen aus der Stadt. —

Nicht selten bringen vornehme Herren ihre Gefährtinnen aus fremden Ländern mit; aber selten gelingt es ihnen, sie zu fesseln. Es wird diesen nicht schwer, ·sobald sie nur die Vorzüge ihres Werths und die vortheilhafte Sphäre, worin sie leben, zu schätzen wissen, sich über ihr Schicksal zu erheben und vortheilhafte Heirathen zu machen.

Die Lustdirnen von der gemeinsten Gattung, die sich dem Dienst des ganzen Publikums widmen, leben in einer Krapule, von der man sich schwerlich einen Begriff machen wird und die auch den lüsternsten Menschen, wenn er nur einiges Gefühl besitzt, von ihrer Huldigung zurückschrecken kann. Ohne den mindesten Anspruch auf natürliches, erworbenes Talent, zu gefallen, treiben sie ihr Gewerbe mit dem Eigennutz eines Wucherers und mit der gefühllosen Gleichgültigkeit eines Pferdevermiethers.

Boden und Klima stehen überall mit dem Zustand ihrer Bewohner in dem genauesten Verhältnisse. — So wie Unverdorbenheit, Freiheit und Betriebsamkeit nackte, rauhe Felsen in Paradiese umschaffen; so verwandeln Sklaverei, Trägheit und Lasterhaftigkeit die glücklichsten Gegenden der Erde in Wildnisse, verpestende Sümpfe, unwegsame Gebirge und unbebaute Steppen. Dieß ist der Fall in Illyrien, der Wallachei und der Moldau, jenen einst so blühenden und fruchtbaren Ländern der Erde, deren Bewohner unter dem Joch des Despotismus ihr ehemaliges Glück verloren haben. Sie sind fast alle Knechte der Edelleute oder der Geistlichkeit, vor welchen sie auf die Erde niederfallen und nicht eher wieder aufstehen dürfen, als bis sie den Befehl dazu erhalten.

Der Zustand der Weiber ist eben so elend, als der der Männer. Die Bräute werden an den Meistbietenden verkauft und wenn nach bereits geschlossenem Verkauf ein anderer Freier nur einen Eimer Racky oder Branntwein mehr bietet, so wird die Braut dem letzteren zugeschlagen. Da die Weiber wie Sklavinnen gekauft werden, so müssen sie auch, während die Männer müssig in ihren Hütten liegen, wie Sklavinnen arbeiten. Es ist allen Männern erlaubt, neben den Frauen sich noch Beischläferinnen zu halten. Die Weiber dürfen sich, nach morgenländischer Sitte, mit ihren Männern nicht zu Tische setzen, sondern müssen diese während dem Essen bedienen. Die Edelleute in Dalmatien halten es unter ihrer Würde, mit ihren Weibern in einem Bette zu schlafen und diese müssen vor dem Bette ihrer Gebieter auf der bloßen Erde ihr Nachtlager nehmen.

Die Illyrier sind beim Mangel aller wohlwollenden Gefühle der Völlerei und der Wollust im höchsten Grade ergeben. Unkeuschheit ist unter den unverheiratheten Personen beiderlei Geschlechts nicht weniger gemein, als Ehebruch unter den Verheiratheten, und gewöhnlich ist der Vater der ehebrecherische Nebenbbuhler seiner eigenen Söhne. Noch vor nicht langer Zeit arteten nicht selten Nonnenklöster in Hurenhäuser und Mönchsklöster in Schlupfwinkel von Räubern aus. —

Männer und Weiber, Jünglinge und Mädchen baden in gemeinschaftlichen Bädern zusammen, ohne eine Empfindung von Scham zu haben. Die allgemeine Leichtigkeit und Gefälligkeit der Eheweiber, ihre eckelhafte Ausgelassenheit in schmutzigen Reden und die noch viel scheuslicheren Lockungen und Künste der Buhldirnen, die in den Saufhäusern unterhalten werden, sind keiner Schilderung werth.

Ohne manchen edlen Eigenschaften des brittischen Nationalcharakters zu nahe zu treten, darf ich mit Recht behaupten, daß die Begierde, sich durch Ueberfluß ein bequemes Leben zu verschaffen, ein Hauptzug in dem Charakter der Engländer ist, daß er dieses für die Hauptabsicht des Daseyns des Menschen hält; und daß dieser Hang desto stärker ist, je mehr Nahrung er in irgend einer Berufssphäre, wie z. B. in dem weitgetriebenen Handelsgeiste, findet. Außer andern sich im Gefolge dieser überwiegenden Neigung befindlichen Lastern, wovon ich hier nur eines der gelindesten, die ungeheure Spielsucht, bemerke, steht Schwelgerei und raffinirte Wollust an der Spitze. London bietet hiervon eine Menge Beispiele mannigfaltiger Art dar. Zwar hat dieser Charakterzug bei den Landbewohnern wegen Mangel an Reichthümern eine ganz andere Modifikation. Allein seitdem die Reichen und Vornehmen in den entferntesten Theilen des Königreichs Wohnplätze aufgeschlagen haben und dahin ab- und zugehen, so müssen sich die Thorheiten und Laster der Hauptstadt immer mehr in den Provinzen verbreiten. —

Dem englischen Frauenzimmer muß man bei seinen hervorstechenden Vorzügen der Schönheit zum Ruhme nachsagen, daß sie gute Mütter sind, daß die meisten die Reinlichkeit lieben, daß sie bei weitem nicht das affektirte und steife Wesen an sich haben, und daß sie daher weit einnehmender als anderwärts sind. Indeß bemerkt man bei den städtischen Schönen einen gewissen Mangel von Schamhaftigkeit, der bei der sonst so berühmten Delicatesse des Ohrs und der reinen Phantasie der Engländerinnen einen seltsamen Contrast macht und eben kein vortheilhaftes Licht auf ihre weiblichen Tugenden wirft. Ich will die unschuldige Nationalsitte, die den Männern die so angenehme Freiheit, die Schönheit des Landes, selbst in Gegenwart ihrer Eheweiber zu umarmen und zu küssen, erlaubt, nicht verrufen. Allein das kann doch eben nicht als ein Beweis der Keuschheit angesehen werden, daß das englische Frauenzimmer im Schauspiel obscönen Witz mit der größten Gelassenheit anhört und belächelt; daß Damen von hohem und niederem Stande sich durch Gunst und Geld den Zutritt zu den Verhören von Delinquenten zu verschaffen suchen, wo, wenn Verhöre von Nothzüchtigungen vorkommen und die Geschändete, in Gegenwart des Delinquenten, öffentlich abgehört wird und verpflichtet ist, auf alle Fragen mit den allereigentlichsten und klarsten Worten zu antworten und den Vorfall nach allen gehabten Empfindungen zu erzählen, sie der Erinnerung der Schamhaftigkeit, dem Ersuchen des Richters, sich zu entfernen, keineswegs Gehör geben, sondern unbeweglich sitzen bleiben und höchstens zum Fächer oder Schnupftuch ihre Zuflucht nehmen.

Die Tugenden und Sitten der ländlichen Bewohnerinnen mögen zwar reiner und unverdorbener seyn, allein die Originale zu Richardsons Tugendheldinnen wird man hier überall eben so vergeblich suchen, als in andern Ländern.

Von einer gewissen Klasse von Weibern in England kann man mit Recht sagen, daß sie ihren Männern weiter nichts sind, als Werkzeuge der Wollust, und Aufseherinnen in ihren Hurenhäusern. Ein noch stärkerer Beweis von der Verachtung der Weiber ist die barbarische Sitte, sie für eine Kleinigkeit zu verkaufen. Ein gewisser Herzog kaufte die Frau eines Stallknechts und lebte glücklich mit ihr. In Archenholz' Annalen der brittischen Geschichte lesen wir folgende Beispiele von diesem Handel: Ein Arbeismann in Oxford verkaufte seine Frau an einen Maurer für hundert Schillinge, er führte sie auf den Marktplatz, und zwar wie gewöhnlich an einem Strick, den er so lange in der Hand behielt, bis er das Geld eingesteckt hatte, da er ihn dann dem neuen Ehemann überreichte und ihm viel Glück wünschte. Ein gleiches geschah in Essex, wo ein Mann seine Frau zugleich mit zwei Kindern für eine halbe Krone verkaufte. Die Ceremonie geschah mit Musik und die Mutter mußte dreimal mit dem Strick um den Hals um den Marktplatz zu Marchin Green wandern. Zu diesem Mittel schritt auch ein Zimmergesell in London; ein anderer Zimmergesell war der Käufer, der wenig Wochen nachher die Freude hatte, daß seiner neuen Frau eine unerwartete Erbschaft von 1500 Pfund Sterl. zufiel. In Nottingham verkaufte ein Mann seine Frau schon drei Wochen nach der Hochzeit; ein Nagelschmidt erstand sie für einen Schilling. Ein unweit Thame in Oxfordshire wohnender Landmann hatte seine Frau vor einigen Jahren verkauft, aber ohne alle Formalitäten. Seine Nachbarn sagten ihm, daß der Kauf deßhalb nicht gültig sei, daher er sich zu dieser Ceremonie entschloß, seine vorige Frau abholte und sie an einem Strick sieben Meilen weit bis nach Thame führte, wo sie abermals für eine halbe Krone regelmäßig verkauft wurde. Das Merkwürdigste dabei war, daß er für diese Frau, so wie für ein Kaufthier, vier Pence Zoll zahlen mußte. Ein Eseltreiber verkaufte in Westminster seine Frau sammt seinem Esel für dreizehn Schillinge und zwei Kannen Bier an einen andern Eseltreiber, worauf sie alle drei in ein Bierhaus gingen und das Geld versoffen. Diese eine kultivirte Nation schändende Sitte wurde im Februar 1790 in Burton sogar von den Kirchspielvorstehern zu Swadlincote ausgeübt. Ein Mann war von seiner Frau entwichen, die daher als eine Verlassene von dem Kirchspiel unterhalten wurde.

Um sich dieser Last zu entledigen, sandten sie die Vorsteher zum Verkauf auf den Markt zu Burton, wo sie ein Käufer für zwei Schillinge erstand. Der Kauf wurde umständlich in die Zollbücher eingetragen, wobei man auch nicht einmal den Werth des Stricks vergaß.

Die mangelhafte Gesetz- und Regierungsverfassung der sogenannten freien Britten ist unstreitig die Hauptquelle von der ungesunden Ueppigkeit, worin London mit allen übrigen großen Städten in Europa um den Vorrang streitet. — Zu Archenholz' Zeiten zählte es, ohne die Maitressen, 50,000 feile Buhldirnen. Sie wohnten theils in eigenen Häusern, theils in öffentlichen Tavernen unter der Anführung von Matronen, welche sie mit Kost und Kleidern versehen. Die Wohnungen der ersteren sind durchaus zierlich, oft auch prächtig möblirt. Sie haben Kammer- und Dienstmädchen, viele auch Livreebediente, manche sogar eigene Equipagen. Eine große Anzahl derselben hat Leibrenten, die sie von ihren reichen Verführern erhalten, oder von freigebigen Liebhabern in den Augenblicken des Taumels erhaschen. Diese Renten sind aber nicht hinreichend, einen glänzenden Aufwand zu machen, daher nehmen sie Besuche, doch nur von solchen an, die ihnen gefallen.

Archenholz rühmt die Schamhaftigkeit dieser Mädchen und will solches durch das Beispiel eines seiner Freunde beweisen, der vergeblich alle Liebkosungen und Geschenke aufbot, ein dürftiges Mädchen, nachdem sie bereits alles bewilligt hatte, zu bewegen, einen gewissen Antrag — (vernuthlich sich ganz zu entkleiden) einzugehen. Die Schöne fand denselben nicht nur überhaupt sehr unanständig, sondern erklärte sich am Ende: ich würde es vielleicht thun, wenn der Herr ein Engländer wäre; allein als ein Ausländer, welchen niedrigen Begriff würde er sich von uns Mädchen machen? —

Man hat in London dergleichen Priesterinnen gesehen, die gleich einer Aspasia bei einem hohen Grad von Schönheit hervorstechende Talente des Geistes besaßen, wie die ehemalige Schauspielerin Bellamy, deren Haus ein Bureau d'Esprit, ein Sammelplatz von allen vornehmen und gelehrten Männern und selbst Damen vom ersten Range war; oder wie die Miß Fisher, die sich durch eigene Art, der Liebe zu opfern, berühmt machte, die den Preis einer Nacht auf hundert Guineen setzte, ohne durch diese ungeheure Summe abzuschrecken. Als einst der verstorbene Herzog von Y... ihr für den Genuß einer Nacht eine Banknote von fünfzig Pfund Sterling gab, weil er nicht mehr bei sich hatte, so fand sich Miß Fisher so beleidigt, daß sie sich seine ferneren Besuche verbat und die Geringschätzung seines Geschenks dadurch bekannt machte, daß sie die Banknote in eine Pastete backen ließ und sie zum Frühstück verzehrte. —

Sobald die Nacht einbricht, findet man auf allen Straßen und öffentlichen Plätzen eine unglaubliche Menge Mädchen von der niedern Gattung, die auf Männerjagd ausgehen. Sie erwarten den Angriff, oder bieten ihre Dienste in einem scherzhaften Tone an; andere dringen ihre Gunstbezeugungen mit Gewalt auf und wetteifern zu fünf und mehreren um den Vorzug, daß man Mühe hat, sich von ihnen loszureißen. Selbst Weiber aus entfernten Gegenden der Stadt mischen sich aus Hang oder Noth unter diese Zahl.

Schütz führt noch eine Art solcher Mädchen an, welche er die Tanzenden nennt, und die wirklich vor den Vorübergehenden einhertanzen und durch Singen und Springen ihre Reize geltend zu machen suchen. Um Mitternacht verlieren sich die Mädchen von den Straßen und alte Bettelweiber von sechzig und mehr Jahren gehen aus ihren Winkeln hervor, um betrunkenen Menschen zu dienen, die von ihren Gelagen taumelnd zurückkehren. Die Unsittlichkeit geht so weit, daß auch Mädchen von acht bis neun Jahren auf den Straßen herumziehen, besonders vor den Schauspielhäusern reihenweise stehen und ihre Dienste anbieten.

Die mittlere Gattung dieser Priesterinnen der Venus leben unter der Aufsicht wohlhabender Matronen und besuchen in Equipagen die theuersten Belustigungsörter, denn eine jede solcher Matronen hält ihre eigenen Equipagen und Livreebediente. Ihre Tempel sind alle Nächte angefüllt, ungeachtet der hohe Preis, welcher mit dem Eintritt verbunden ist, eine große Menge zurückhält. Außer diesen gibt es noch eine besondere Art Häuser, die man Bagnos nennt und die eigentlich Bäder seyn sollten; ihre wahre Bestimmung aber ist, Personen beiderlei

Geschlechts Vergnügungen zu verschaffen. Diese Häuser sind prächtig, ja manche fürstlich möblirt. Alles, was die Sinne nur reizen kann, ist entweder vorhanden, oder wird verschafft. Es wohnen nie Mädchen in denselben, sondern diese werden auf Verlangen in Portechaisen geholt. Keine als solche, die sich durch Ton, Kleidung und Reize auszeichnen, haben die Ehre, daher sie auch ihre Adressen zu Hunderten den Bagnos zusenden, um sich zu empfehlen. Ein Mädchen, die geholt wird und nicht gefällt, wird ohne Geschenk wieder zurückgeschickt. Alte und entnervte Personen werden hier auf Verlangen mit Ruthen bedient, wozu alle Anstalten getroffen sind.

Zum Beweis der unverzeihlichen Nachsicht der Londoner Polizei bei dem zügellosen Hang zu Ausschweifungen können die Namensverzeichnisse der öffentlichen Dienerinnen der Venus angeführt werden, welche die Tavernen-Wirthe drucken lassen und worin sie Gesichtsbildung, Gestalt, Manieren, Talente rc. der Mädchen, die ihr Haus besuchen, wie sich denken läßt, sehr partheiisch beschreiben. Eine solche List of Ladies wird so begierig gekauft, daß eine Auflage von acht- bis zehntausend Exemplaren in wenigen Tagen vergriffen ist.

Der Abscheu der Engländer gegen die Päderastie ist bei ihrem entschiedenen Hange zum Genuß der Weiber so groß, daß selbst das Volk in seiner öffentlichen Rache einer solchen Brutalität keine Grenzen kennt. Nach den Gesetzen steht die Pilori (der Pranger) und die Gefängnißstrafe von einigen Jahren darauf, wenn nur ein Versuch geschehen ist; auf die wirklich begangene That ist der Galgen gesetzt. Diese Bestrafungen sind aber selten, nicht wegen der geringen Anzahl der dasigen Päderasten, sondern weil sie bei Befriedigung ihres Geschmacks die größte Vorsicht gebrauchen. Dagegen ist man nachsichtsvoller gegen die Ueppigkeit solcher Frauenzimmer, die dem männlichen Geschlechtsgenuß entsagen und ihre Wollust mit Ihresgleichen befriedigen. Solche Tribaden formiren auch kleine Societäten, die man alexandrinische Gesellschaften heißt.

Unter Spaniens zerrüttetem Staatsruder schlummern die Bewohner seiner paradiesischen Gegenden in Faulheit und Schwelgerei. Weder Ackerbau noch Handel, noch andere anziehende Beschäftigungen zerstreuen die Verdrossenheit des Spaniers und geben seinem Geiste Thätigkeit und Aufschwung. Wenn bei einem solchen Volke und unter einem solchen Klima die dort herrschende Religion dem Hang zur Sinnlichkeit reiche Nahrung gibt, wenn man überdieß in diesem Volke das Bild des alten Rittergeistes verewigt findet, so darf es uns nicht wundern, hier die Liebe als ein so ernsthaftes Geschäft behandelt zu sehen, wie wir sie bei keinem einzigen Volke dieses Erdtheils finden. Während daß der calculirende Britte oder der beschäftigte Franzose, von seiner Tagesarbeit entlastet, zu einem hübschen Mädchen hinaufsteigt, um den Rest des Abends mit ihr und einigen Freunden angenehm zu verbringen, schleicht der Spanier vor dem Fenster seiner Schönen herum, kratzt auf der Guitarre und seufzt ein zärtliches Liedchen. Bewegt sich irgend ein Vorhang, oder läßt sich ein kleines Händchen blicken, oder zeigt man ihm gar ein paar schwarze, feurige Augen, so ist kein Mensch auf Erden glücklicher. Ebenso läßt das schöne Geschlecht in der Neigung zum Gigantischen, Abenteuerlichen und Romanhaften, in dem Hang für Schwierigkeiten und in der Art, den Geliebten zu strafen, zu belohnen, die Haltung des alten Rittergeistes blicken. —

Aber die unter einem heißen, wollüstigen Himmelsstrich lebende Spanierin kann unmöglich ihren Liebhaber so lange schmachten lassen, als die kältere nordische Jungfrau. Die Bedürfnisse des spanischen Liebhabers erstrecken sich über Kuß und Händedruck hinaus; das erste Gesetz der Liebe ist — Genuß. Die Ansprüche der spanischen Schönen auf unwandelbare Treue machen einen zu großen Theil ihres Glücks aus, und sie wissen zu gut, daß sie auf diese ohne jenen Genuß nicht rechnen können, als daß sie erst nach langem Ausharren den Minnesold geben sollten. Ja die Spanierin selbst würde sich einen andern Liebhaber suchen, wenn der jetzige nicht Feuer genug hätte, alles zu fordern, was sie nur geben kann. — Ein Romanschreiber oder Schauspieldichter, wenn er anders sein Glück an der Toilette der Damen machen will, muß daher, sobald er seine Liebenden zusammengebracht hat, den Vorhang niederfallen lassen, denn nach dem Geschmack der spanischen Weiber ist nichts unnützer und unausstehlicher, als die langen und zärtlichen Dialoge eines liebenden Paars. Ihre feurige, dem Genuß zu schnell zuvoreilende Phantasie läßt zu feinen Empfindungen keinen Raum und ihre Erwartung sinkt plötzlich da, wo sie bei andern Nationen gespannt wird. Was daher in unserem Norden Laster ist, macht der Süden zur Tugend. Nur Untreue nach dem Genusse ist wider Gewissen und Pflicht. Eben so glühend als der Spanier seine Gebieterin liebt, wird er wieder geliebt. Beide sind der größten Aufopferungen, der gewagtesten Unternehmungen fähig, wenn es auf die Heiligkeit ihrer Schwüre ankommt.

Kein europäisches Weib gibt so leicht alles, Ehre, Familie, Reichthum und Bequemlichkeiten hin, um ihre Leidenschaft zu befriedigen, als eine Spanierin. —

Das Gewissen einer spanischen Frau ist gefällig genug, ihr Einen Liebhaber, selbst neben dem Gemahl, zu erlauben; aber mehrere zugleich zu begünstigen, oder ohne hinreichende Ursachen zu wechseln, ist das größte Verbrechen. Die glücklichen Sterblichen, die die schönen Spanierinnen zu fesseln der Mühe werth achten, heißen Cortejos, sie sind weniger uneigennützig, als die italienischen Cicisbeen. Indeß der Mann sich mit seinen Geschäften zerstreut, läßt sich die Frau Gemahlin von einem Cortejo unterhalten. Man fordert von ihm völlige Aufopferung; er muß seine Huldgöttin zum Spaziergange, zum Schauspiele, sogar bis an den Beichtstuhl begleiten.

Vergehungen in der Wollust und Weichlichkeit können sich mit keiner Religion so leicht abfinden, als mit der römischen, und dieser Vorzug gebührt ihr in keinem Lande mehr, als in Spanien. Nicht nur, daß ihr Luxus und Reichthum an Ceremonie und äußerer Pracht mit verdoppelter Macht auf die glühende Phantasie wirkt, ist sie die gefälligste Dienerin, das Gewissen eines Jeden zu beruhigen. Der Beichtstuhl wäscht alle Schulden ab, und gewisse kleine Temperamentsschwachheiten scheinen nur darum zu Sünden gemacht zu seyn, daß man sie darin verbergen könne. In den ihr geweiheten Tempeln finden Verliebte Gelegenheiten zu ihren Zusammenkünften. Man kniet vertraulich neben einander und spricht aus dem Gebetbuche über Rendezvous. Die Kirchen haben mehrere Thüren und oft läßt eine verschleierte Dame vom ersten Range ihren Pagen am Eingange zurück, während sie durch eine andere Thüre hinausgeht. —

Das Ohr der Spanierin ist ebensowenig schamhaft und delikat, als ihre Phantasie rein. Sie verzeihen gerne Zweideutigkeiten, Spielereien des Witzes und Gemälde, woran die Sittsamkeit in andern Ländern erröthen würde. Die feine Art, womit sie sich über gewisse Dinge sogar im Detail äußern, ohne sie auch nur in einen dünnen Flor zu hüllen, müssen einen Fremden, der es gewohnt ist, von so etwas nur versteckt zu sprechen, in Erstaunen setzen. Die nächste Ursache dieser Schamlosigkeit im Conversationstone scheint in einer gänzlich vernachlässigten Erziehung zu liegen. Diese ist fast ganz, selbst in den angesehensten Häusern, den Dienstboten überlassen, in deren Gesellschaft die Jugend bei ihrer zu wenig imponirenden Würde mit den ungezogensten Redensarten schon früh vertraut wird. Eine Menge von Sagen und Märchen abenteuerlicher Begebenheiten gehen überall von Ohr zu Ohr und füllen den Kopf einer jungen Spanierin mit so viel Liebe, daß sich alle ihre Ideen um diesen einzigen Punkt drehen. Ihre von Zoten ertönenden Schauspiele, ihre Musik, ihre Lieder, ihre Tänze, die etwas mehr als Wollust athmen und dem Zuschauer gar nichts zu errathen übrig lassen, geben vollends ihrem Hang zur sinnlichen Liebe ein überwiegendes Gewicht. Man kann sich keine ausdrucksvollere Einladung zur Wollust denken, als in jenem berühmten Nationaltanz, dem Fandango, herrscht, den besonders die Andalusierinnen mit einem hinreißenden Zauber tanzen. Ein Ausländer mag bei dessen Anblick erröthen oder sich ärgern, er vermag nichts gegen seinen unwiderstehlichen Reiz. Der Fandango nimmt nach den Orten, wo er getanzt wird, verschiedene Charaktere an. Das Volk verlangt ihn oft von den Schauspielern und er beschließt fast immer die Privatbälle. In diesem Falle drückt er seine Absicht nur obenhin aus. Allein wenn eine Gesellschaft sich damit vergnügen will, so wird auf alle Bedenklichkeiten Verzicht gethan. Das Blut des Jünglings und des Mädchens entglühet dann von Wollust und die abgestumpften Sinne des Geistes empfangen neues Leben.

Der Fandango wird immer nur von zwei Personen getanzt, die sich niemals mit der Hand berühren.

Wenn man aber sieht, mit welchen verführerischen Lockungen sie sich einladen, wie sie sich einander allmählig nähern und wieder entfernen, wie die Tänzerin in dem Augenblicke, da sie in schmachtende Wollust hinzusinken scheint, plötzlich von neuem erwacht, dem Sieger entschlüpft; wie dieser sie und sie dann ihn verfolgt, wie sie sich die verschiedenen Empfindungen, die sie beide durchglühen, in all' ihren Blicken, Geberden, Stellungen und in der ganzen Haltung ihres Körpers ausdrücken, — wenn auch der strengste Moralist dies alles sieht, so müssen ihm unwillkürlich seine Sinne zerrinnen. Die Zuschauer, denen Alter oder Stand Würde und Gravität befiehlt, können sich kaum enthalten, ihn mitzumachen. Ein Beispiel von seiner alles besiegenden Macht gibt folgender Vorfall. Der römische Hof ward einst verdrießlich darüber, daß man in einem der Reinigkeit seines Glaubens wegen bekannten Lande nicht schon lange den gottlosen Fandango abgeschafft habe; er beschloß, denselben förmlich in den Bann zu thun. Ein Consistorium versammelt sich und der Prozeß gegen den Fandango wird im Wege Rechtens eingeleitet. Schon soll ihm der Bannfluch zuerkannt werden, als auf einmal einer von den Richtern sich gravitätisch erhebt und die Bemerkung macht: man müsse keinen Verbrecher ungehört verurtheilen. Das Collegium billigt diese Erinnerung. Sogleich erscheint ein spanisches Paar, unter einer zauberischen Musik die Grazien des Fandango seinen Richtern zu zeigen. Die Strenge der Archonten hält diesen Beweis nicht aus. Ihre finstern Gesichter erheitern sich, sie stehen von ihren Sitzen auf, ihre Kniee und Arme bekommen ihre Jugendkraft wieder, der Saal des Consistoriums wird ein — Tanzsaal; alles tanzt mit, und der Fandango wird losgesprochen.

Nach einem solchen Triumphe kann man wohl denken, daß er jetzt alle Vorwürfe der Sittsamkeit verlacht. —

Das öffentliche Freudengewerbe der paphischen Göttin ist zwar in Madrid nicht privilegirt und wird auch nicht mit der Schamlosigkeit wie in andern Ländern getrieben. Ihre Priesterinnen dürfen, sowie alles zu Fuß gehende Frauenvolk, nicht anders, als in weißen Schleiern erscheinen, und müssen stets eine alte Begleiterin bei sich haben. Die Polizei gestattet ihnen keine öffentlichen Tempel, nöthigt sie, solche im Verborgenen anzulegen und verfolgt oft die feile Wollust bis in ihre geheimsten Schlupfwinkel. Der Nationalhang zur sinnlichen Liebe, die Menge der Cölibatärs, worunter besonders die Gardes du Corps, die alle unverheirathet bleiben müssen, machen indeß die Existenz der Buhlerinnen nothwendig. Während der Spanier mit einer solchen seine Schäferstunde hält, läßt er seinen Degen vor der Thüre stehen, zum Beweis, daß die Vacanz besetzt ist. — Die galanten Krankheiten sind in Madrid sehr gewöhnlich und es ist hier, außer andern Hospitälern, das Krankenhaus der barmherzigen Brüder ganz eigentlich für diese Krankheit bestimmt. —

Ich hätte beinahe dieses Gemälde geschlossen,

ohne von der reizenden Gestalt des spanischen Frauenzimmers etwas gesagt zu haben. Wer nur Geschmack an dem blendendweißen Teint der nordischen Schönen findet, der muß in Spanien keine Göttin suchen, wer aber einen Sinn für jene zauberische Grazie hat, die aus der ganzen Haltung des Körpers, aus dem Gange und aus allen Bewegungen hervorblickt; — wer einen fein und schlank gebildeten und trotz einer gewissen Magerkeit zur Wollust gebauten Körper zu schätzen weiß und gegen ein paar große, schwarze, schmachtende, das ganze Feuer der Seele ausdrückende Augen nicht gleichgültig ist, der wird gewiß nicht mit unverwundetem Herzen aus den Kreisen der spanischen Schönen zurückkehren. — Die Reize einer schönen Spanierin haben der Toilette wenig zu verdanken; sie schminkt ihr Gesicht nie mit einem geborgten Teint und ersetzt die Farbe nicht, die ihr die Natur versagte, indem sie sie unter einer brennenden Zone geboren werden ließ; aber sie hat ihr den Mangel einer blühenden Farbe durch hundert andere Annehmlichkeiten vergütet.

Nie sah die Welt den Despotismus mit einem so hohen Grade von Cultur vereinigt, als in Frankreich; — aber auch nie sah man in neueren Zeiten eine Nation auf einer höheren Stufe der Immoralität, als die französische. — Die ungeheure Masse von Thorheit und Laster legte der Revolution das furchtbarste Hinderniß in den Weg, und wäre allein hinreichend, das Mißlingen derselben begreiflich zu machen. Allein weder die Weisheit noch die Thorheit einer Nationalversammlung hat den in Lüsten erschlafften hohen Klerus und den mark- und hirnlosen Adel vernichtet, sondern die tiefe Lasterhaftigkeit, die gänzliche Unfähigkeit dieser beiden Gesammtheiten hat sie gestürzt. Statt die französische Staatsumwälzung als das Resultat der menschlichen Klugheit anzusehen, ist sie vielmehr ein Werk der Gerechtigkeit der Natur; und diese wählt oft selbst das verächtlichste Werkzeug, ihre gründlichen Gerichte zu vollstrecken und die Rächerin der beleidigten Menschheit zu sein. Ein solcher siecher, seiner Auflösung nahe gebrachter Staatskörper konnte nicht durch gewöhnliche Mittel hergestellt werden, er bedurfte einer schauderhaften Kur. Die Menschlichkeit bot den Balsam der Reform dar; allein die Vernunft erklärte den Schaden für unheilbar, und bei diesem Ausspruch schwang sie das tödtende Schwert und begann den furchtbaren Kampf.

Alle großen Städte in Frankreich waren mehr oder weniger durch Schwelgerei entnervt, ein Pfuhl von Lastern und Gräueln, vor denen die Menschheit schaudert. Wenn die ungeheure Menschenmasse in dieser Stadt plötzlich innerhalb weniger Tage den Grundsätzen der Vernunft gehorchte, so war es nicht möglich, sie eben so schnell, wie durch einen Zauberschlag, den Grundsätzen der Moral zu unterwerfen. — Die Quellen einer allgemeinen Verderbtheit, die Spuren jener Krebsfäule des schwelgenden Despotismus liegen zu tief in dem moralischen Charakter der Nation, als daß sie solche bei fortdauernder Krisis, bei aller Anstrengung ihrer politischen Kräfte zu vertilgen vermöchte. Erziehung allein nähert den Menschen dem Ziele seiner Bestimmung, aber die Früchte von dieser sind nicht das Werk eines Augenblicks: Jahre in dem Leben eines einzelnen Menschen sind bei der ganzen Nation nur Augenblicke.

Wo Luxus und Ueppigkeit ihr schleichendes Gift in alle Adern des Staatskörpers verbreiten, da muß eine Nation allmählig in die tiefste Sittenverderbniß versinken, da nehmen die Männer die Weichlichkeit der Weiber, und die Weiber die Frechheit der Männer an. Athen, Sparta, Rom und unser verfeinertes Jahrhundert stellen uns hiervon das Beispiel auf. Das Gemälde der Damen nach der großen Welt sieht sich, einige kleine Nüancen abgerechnet, in allen civilisirten Reichen von Europa so ziemlich ähnlich. Die erste Kunst der Weiber ist die große Kunst des Putzes, das erste Talent das Talent zu gefallen, alle übrigen sind nur Nebendinge und werden wie Kleinigkeiten behandelt. Sich an der Toilette schmücken, einige Stunden am Spiegel üben, seine Wenigkeit kraftlos herumschleppen, die Zerstreute spielen, alle Vergnügen kosten und keines genießen, einen Moderoman durchblättern, darin bestehen die Beschäftigungen unserer Damen von Stand und Erziehung. Sie kennen die Liebe nicht, welche Herzen, sondern nur die, welche Körper vereinigt. Immer voll Leidenschaft und ohne Empfindung, stets mit glühender Einbildungskraft und kaltem Herzen, flößen sie statt Liebe Begierden, statt Zärtlichkeit Wollust ein. Indem sie bald schmeicheln, bald liebkosen, bald abschlagen, bald ihre Anreizungen verstärken, verstehen sie die Lebhaftigkeit ihrer Pläne zu verbergen; in dem Augenblick, wo das Feuer ihrer eigenen Begierden sie hinreißt, geben sie ihren Gunstbezeugungen noch das Ansehen von Gefälligkeit und Aufopferung. Sie halten sich für starke Geister, weil sie über ihre Laster lachen können, für zärtlich, weil sie galant sind, dem Scheine nach für geachtet, weil man sie ihres Einflusses wegen fürchtet und sie selbst in den Seelen nicht alle die Verachtung lesen können, die sie einflößen. Man hört sie sich über Mangel an Tugend bei Männern beklagen, und doch schätzen sie nichts weniger als ihr Daseyn. Sie werfen sich einem Manne in die Arme, nicht um die Süßigkeiten, sondern die Freiheiten der Ehe zu genießen. Im Schooße ihrer Familie ist den Empfindungen der Natur kein Zugang geöffnet. Aber öffentlich vergessen sie nicht, ihren Männern Liebkosungen zu beweisen, um bei Andern geheime Begierden zu erregen und der Welt zu zeigen, wie sehr sie würdig sind, geliebt zu werden. — Dies ist der Geist unseres Zeitalters, der Ton unserer galanten Damen, der fast nirgends auf größere Privilegien Anspruch macht, als jenseits des Rheins.

In Paris ist Vergnügen das große Ziel jedes Individuums und jeder Gesellschaft. Nirgends ist die Wollust mehr Wollust, als hier, aber nirgends hat sie auch mehr Altäre, prächtigere Tempel und wärmere Verehrer. Nirgends hat der Lebensgenuß so viel Modificationen, als hier; nirgends weiß das

Vergnügen angenehmer zu täuschen, stärker zu überraschen und schneller zu entfliehen. Jeder kleine Genuß ist zur Freude, jede Freude zum Vergnügen, jedes Vergnügen zur Wollust, jede Wollust zum Taumel umgeschaffen. Die innigste Vereinigung der höchsten geistigen und sinnlichen Schwelgerei hat nur Einen Tempel in der Welt und der steht am Ufer der Seine. —

In dem Lebensgenuß der Pariser Welt ist das schöne Geschlecht das Hauptmobil, der große magnetische Punkt, um den alles in einem unaufhörlichen Wirbel kreist. Keinen Männern in der Welt gewährt das Frauenzimmer eine angenehmere Beschäftigung, als den Franzosen, und keinen Weibern sind die Männer mehr Bedürfniß, als den Französinnen; aber auch nirgends findet man mehr Widersprüche in dem Umgang beider Geschlechter, als in dieser Weltstadt. Hier ist die Liebe eine avanture du jour; hier spielen die Damen mit ihren Liebhabern wie mit Karten; wenn sie gewonnen haben, werfen sie sie weg und verlangen neue; oft verlieren sie mit diesen neuen alles, was sie mit den alten gewonnen. Das Band der Ehe hat hier das Besondere, daß Fremde darin zu wohnen Lust haben, indeß Einheimische sich gern daraus verbannen lassen. Die Weiber entzücken Jedermann, nur ihre Männer nicht, und beide kennen keine Eifersucht, weil sie keine Liebe kennen. Man wird selten einen Pariser von seiner Ehegenossin sprechen hören, nicht, weil er es wie der Orientale wider den Respekt hält, von einem so verächtlichen Wesen zu reden, sondern weil er stets in Furcht schwebt, von ihr mit Leuten zu sprechen, die sie besser als er selbst kennen. Wäre es in Paris erlaubt, mehrere Weiber zu halten, so würden sie vielleicht in eben der Gefangenschaft schmachten, als in der Türkei, aber weil ein Franzos nur eine haben darf, so versteckt er sie nicht, aus Besorgniß, sein Nachbar möchte die seinige auch verstecken.

Indem er seine Frau preisgibt, schließt er seine Buhlerin ein, und doch würde die Dame den Mann, den sie sich zum Galan wählt, ebensowenig heirathen, als der Mann die Schöne, die er sich zur Maitresse nimmt.

Um dem Gemälde der üppigen Geschlechtsliebe in Paris lebendige Farben zu geben, wähle ich das Jahrzehnt vor dem Ausbruche der Revolution und nenne unter andern Mercier, Peyssonnel, Storch und Schulz als Beobachter an Ort und Stelle und als meine Gewährsmänner. — In diesem Zeitpunkt zählte man in Paris 40,000 meistens öffentliche Dienerinnen der paphischen Göttin. Diese wichtige Menschenklasse hatte bis dahin nicht ein einziges Mal die Aufmerksamkeit der Polizei oder der Regierung erregt, wenn man abrechnet, daß alle Monate einige Dutzend Mädchen eingesperrt werden, welches aber in gewisser Rücksicht eher Grausamkeit als Vorsicht und Wachsamkeit genannt zu werden verdient.

Viele sahen die unseligen Folgen dieser Sorglosigkeit ein und schilderten sie mit dem lebhaftesten Pinsel; man las, hörte und sah alle Gräuel und —

lachte. Man kannte übrigens zu gut das Vergebliche des Versuchs, der alles vergiftenden Hydra einen Kopf abzuschlagen, an dessen Stelle ihr das Beispiel eines lasterhaften, alles in den unaufhaltsamen Strom der üppigsten Wollüste mit sich fortreißenden Hofs hundert wiedergegeben haben würde.

Der Grund des liederlichen Lebens der öffentlichen Buhldirnen ist auch in Paris nicht immer in einem Hang zur Unkeuschheit zu suchen, obgleich dieser von einem heißen Klima hier verstärkt wird. Viele werden zwar zu dergleichen Ausschweifungen hingerissen durch die Heftigkeit eines hitzigen Temperaments, durch die Schwachheit, zügellose Lüste zu dämpfen, die durch den Genuß nur noch mehr gereizt werden; allein Armuth, Allgemeinheit des Luxus, Zwang, häuslicher Verdruß, üble Behandlung, durch Treulosigkeit hintergangene Liebe, und endlich die teuflischen Künste alter Matronen sind auch hier wie überall die Ursachen von dem Falle des größeren Theils dieser Unglücklichen.

Die verschiedenen Wege, welche jene ungeheure Anzahl von käuflichen Weibern in Paris betritt, ihren Zweck zu erreichen, bestimmen mehrere Klassen, und diese wieder Unterabtheilungen, die sich alle im Auge des Kenners durch ein charakteristischs Gepräge von einander unterscheiden.

Die erste Klasse sind die verheiratheten Damen vom hohen, mittleren und niederen Stande, die sich aus Eigennutz oder Ehrgeiz mit großen und andern Personen einlassen, oder einen Freund vom Hause bei der Hand haben, der die Kosten zu Bestreitung ihres Luxus, ihres Aufwandes und ihrer Launen hergibt, und den sie durch Gefälligkeiten bezahlen. Ihre Ausschweifungen werden von den Ehemännern geduldet, weil sie entnervt sind oder ihnen ein Recht zu gleichen Freiheiten geben, oder weil sie niederträchtig genug sind, die Beute mit ihren Weibern zu theilen. Einige dieser Damen wissen sich einen gewissen Kredit zu verschaffen, den sie gewöhnlich an Leute verkaufen, die niedrig genug sind, sich an sie zu wenden, um irgend eine Gnade zu erhalten.

Die zweite Klasse enthält diejenigen, welche die Wollust noch nicht zu einem Gewerbe machen, sondern nur Besuche von sehr vornehmen und reichen Herren annehmen. Diese Gattung füllt gewöhnlich das Theater und besonders die Oper aus ihrer Mitte. Ihre Gunstbezeugungen haben verschiedene Taxen, die sich nach den Theatern, wo sie auftreten, und nach den Rollen richten, die sie spielen.

Diejenigen, welche bloß von dem Erwerbe ihrer Reize und zwar auf einem sehr glänzenden Fuße leben, machen die dritte Klasse aus. Die Damen aus diesem Orden heißen jetzt femmes du monde *). Ein solches Mädchen bewohnt gewöhnlich ein Logis von drei, vier bis fünf Zimmern. Sie nimmt eine häßliche Freundin oder eine Matrone zu sich, die von ihrer Gnade leben, sie auf der Promenade begleiten,

*) Fille de joie ist nicht mehr Mode und filles heißen die von der gemeinsten Klasse.

sie anziehen, ihre Haushaltung, Wäsche und dergl. besorgen. Sie hält sich eine Magd, einen oder zwei Bediente und einen Jockey, der meist ein junger Neger ist. In den geringeren Spektakeln läßt sie sich selten sehen, sondern meistens in der Oper, im théâtre français oder italien, wohin sie in einer Remise fährt, die sie auch wieder abholt. Ihre Zimmer sind prächtig und im neuesten Geschmack möblirt, ihre Betten haben seidene Decken, Polster und Vorhänge, ihre Uhren sind golden, ihre Ringe, Armbänder und übrigen Nippes ächt, ihre Toilette geschmackvoll bestellt, ihre Garderobe, Wäsche fein, prächtig und neu. Das Ganze kostet ihr jährlich 50,000 Francs oder 12,500 Rthlr., die sie sich entweder durch sichere, regelmäßige Kunden oder als eine Entretenue erwirbt. Im ersteren Falle ist sie mit ihren Liebhabern über den Preis ihrer Gunst einverstanden. Gewöhnlich läßt sie sich für den Besuch einen neuen Louisd'or, oder zwei, drei, vier bis sechs bezahlen, je nachdem er lange dauert und man gewöhnliche oder ungewöhnliche Gefälligkeiten von ihr fordert. Will man eine angenehme Landpartie oder Promenade, ein lustiges Mittags- oder Abendessen, eine heitere Spielpartie haben, so bittet man sie um einen Tag oder Mittag, oder Abend; und wiederum: je nachdem sie Zeit oder Mühe, oder beides zugleich aufgewandt hat, steckt man ihr ein Geschenk in die Tasche, oder wohin man sonst will, nur immer mit Achtung, Schonung und Großmuth, sonst wird es einem verächtlich vor die Füße fliegen.

Im zweiten Falle überläßt sie sich auch Wochen, Monate oder Vierteljahre an Einen und kommt mit ihm über das, was er für sie thun soll, überein. Die ehemaligen Vornehmen in Paris hielten sich Maitressen mehr aus Staat und Prahlerei, als aus Geschmack und Neigung, und dieß war nach obiger Berechnung ein sehr kostbarer Luxus. Sie kostet ihrem ausgemergelten Galan, dem seine Kräfte ihren Genuß versagen, mehr als in der Türkei einem nervösen Pascha sein ganzes zahlreiches Serail, das er sehr gut zu benutzen weiß. Ein solcher Thor, der sich zu Grunde richtet, um die Eitelkeit, die Grillen und Launen einer Courtisane zu befriedigen, hat den Kummer, zu sehen, daß seine Geliebte an ihren Mignon mit der einen Hand die Geschenke wegwirft, die sie mit der andern von einem ihr verhaßten Liebhaber empfängt. Oft hat sie die Großmuth, einem Entreteneur, der ihr gefällt, treu zu bleiben, so lange er selbst die Bedingungen erfüllt, und nicht minder selten unterhält sie ihn, wenn er durch sie alles verschwendet hat, schenkt ihm ihre Freundschaft und ihren Umgang, gehört aber in allem übrigen wieder dem Publikum. Zuweilen machen solche Mädchen mit dem, der sie unterhält, eine Wirthschaft aus, sie werden in guten Gesellschaften gelitten und man macht gar kein Geheimniß aus ihrer wilden Ehe. Sie nennt ihren Freund gewöhnlich mon amant, und fremde Personen bedienen sich gegen beide zuweilen der Worte: épouse, mari. Es hat zu allen Zeiten Mädchen in dieser

Klasse gegeben, die sich durch Schönheit und Grazie, durch feine Erziehung und Talente ausgezeichnet, die durch kluge Vorsicht ihre Ansprüche lange Zeit gesichert und sich oft zu glänzenden Stufen emporgeschwungen haben. Es ist nicht selten geschehen, daß reiche Fremde ihre Eltern oder Verwandte mit einer Braut aus diesem Orden überrascht haben.

Die vierte Klasse besteht aus Bürgermädchen, Arbeiterinnen, Putzmacherinnen oder Ladenmädchen, die, wenn ihre Tagarbeit vollendet ist, den Abend bei übelberüchtigten Matronen zubringen. Die Allgemeinheit des Luxus ist die einzige Ursache, daß diese Frauenzimmer von ihren Reizen Gewinn ziehen. Ihr Erwerb bringt ihnen nur so viel ein, als sie zur Leibesnahrung und Nothdurft brauchen; sie suchen daher des Abends noch etwas zu verdienen, um den Aufwand im Putz zu bestreiten, den der Luxus aller Stände zum wirklichen Bedürfnisse macht. Der weite Umfang von Paris liefert ihnen tausend Gelegenheiten, vor den Augen ihrer Verwandten und Bekannten ihre Aufführung zu verbergen; ihre Ausschweifungen verlieren sich im Chaos der ungeheuren Stadt, sie behalten den äußern Anschein von Zucht und Ehrbarkeit bei und treffen oft so gute Heirathen, als ob sie immer als Vestalinnen gelebt hätten.

Die fünfte Klasse begreift die öffentlichen Mädchen, die in möblirten Zimmern allein wohnen, oder eine ältere Freundin bei sich haben, welche für ihre Subsistenz sorgt und der sie gewöhnlich schuldig sind. Sie machen berüchtigten Matronen ihre Adressen bekannt, die sie in Modehändlerinnen, Nähterinnen, oder frisch angekommene Landmädchen verkleiden, je nachdem es der Geschmack oder die Grille des Liebhabers verlangt. Auf den Promenaden sind sie nicht zudringlich, reden Niemand an und geben nur denen den Arm hin, deren Aeußeres einen gewissen Stand oder Wohlhabenheit ankündigt. Sie werden auch häufig unterhalten und machen Land- und Tischpartien. Am Ende ihrer Laufbahn, wenn der Frühling ihrer Reize verblüht ist und sie dem Spital glücklich entronnen sind, suchen sie der Dürftigkeit dadurch auszuweichen, daß sie den ehrenvollen Posten einer Vorsteherin irgend eines Tempels der paphischen Göttin annehmen oder sich als Maquereuse gebrauchen lassen.

Die Mädchen in den Serails oder in den Muhmenhäusern, wie sie ehemals in Deutschland hießen, bilden die sechste Klasse. Diese werden par entreprise von einer Matrone gehalten, die sie Bonne nennen, der sie bald leibeigen werden und für die sie mehr als für sich arbeiten müssen. Eine andere zu dieser Klasse gehörige Gattung von gemeinen Dirnen wohnt in chambres garnies. Diese müssen jeden Abend ihren Miethzins bezahlen, wenn sie nicht augenblicklich aus dem Hause gejagt werden wollen. Sie besuchen sehr häufig das théâtre des petits comédiens, wo man sie oft mit ihren Nachbarn in so schamlosen und vertraulichen Attituden erblickt, daß dies Theater von ehrliebenden Männern und Frauen wenig mehr besucht wird. Die ganze Klasse ist ohne Erziehung, Talente und Geschmack, und dient nur zur Befriedigung einer groben, augenblicklichen Wollust. Ihre Begünstigung schlagen sie von sechs bis zu zwölf Francs an.

In der siebenten Klasse endlich befinden sich die Gassenmädchen oder Aufleserinnen, grisettes, impures. Sie streichen des Abends auf der Straße herum und bieten mit vieler Beredtsamkeit die geheimen Freuden an, die sie gewähren wollen, oder sie 'stehen an den Thüren oder in den Fenstern ihrer Wohnungen und locken die Vorübergehenden herbei. Es gibt ihrer von verschiedener Art, nämlich solche, die sich entweder selbst auflesen lassen, oder die für Rechnung einer Matrone sich auflesen lassen. Sie sind gezwungen, den Gewinn mit ihr zu theilen, und ihr überdies täglich drei bis vier Franken für Wohnung und Kost zu zahlen, und außerdem noch von ihrem Antheil zwei Sous von jedem Franc der Magd. Andere suchen durch ihre Gesellschafterinnen, oder durch sich selbst, Kunden auf der Gasse zusammen zu treiben, die sie für eigene Rechnung auf ihr Zimmer führen. In eben diese Klasse gehören auch die verschämten Aufleserinnen, die dieses Gewerbe theils aus dringender Noth, theils um etwas nebenher zu haben, treiben. Diese halten sich nicht in den Gassen, in den Alleen und in Promenaden auf; sie besuchen die abgelegenen Alleen und Boskette und wenden sich nie an junge Leute, sondern meistentheils an Personen von einem gewissen Alter. Sie haben das Costume und den Ton der Anständigkeit, sind nicht geschminkt und in schwarze Mäntel und große

Kapuzen verhüllt; sie geben schwer sich preis und werden fast immer durch die Furcht vor einer Krankheit abgeschreckt, wo es ihnen an Mitteln fehlen würde, sich heilen zu lassen.

Die unterste Klasse dieser barmherzigen Schwestern ist sich überall gleich. Ihr Gewerbe ist so schamlos und so eckelhaft, daß selbst Petrons Pinsel ihre Schilderung nicht wagen würde. In den drei letzten Klassen findet man von der physischen Seite die niedlichsten und hübschesten Geschöpfe und von der moralischen das, was am wenigsten Verachtung verdient. Hier trifft man oft Witz, Grazie, Naivität, Treuherzigkeit, Güte des Herzens und Großmuth an; man findet unglückliche Mädchen, die durch Widerwärtigkeiten und eine Kette von widrigen Zufällen in einen Abgrund gestürzt worden, aus dem sich zu winden sie den aufrichtigsten Wunsch äußern. — Vielen von diesen Buhlerinnen gelingt es, sich oft aus der niedrigsten Stufe zur höchsten empor zu schwingen, und mit gleicher Schnelligkeit sieht man andere von dieser zur tiefsten herabsinken.

Wenn die Schamhaftigkeit bei den französischen Damen überhaupt eine so schwache und feige Wache ihrer Keuschheit ist, daß sie bei dem ersten ernstlichen Angriff entflieht, so wird man sich leicht vorstellen können, wie weit es der Orden, wovon hier die Rede ist, in der Schamlosigkeit treibt. Die paphischen Priesterinnen vom ersten Range besuchen nicht nur Schauspiele, Opern u. s. w., um einen Roman anzuspinnen, sondern in demselben Augenblick zu beenden. Junge und alte, nach Abwechslung dürstende Wollüstlinge finden z. B. in den Boulevards sich ein und beobachten die Damen, die aus einem Fiacre oder einer Remise steigen. Gefällt eine, so geht man ihr in die Loge nach, die sie wählt, wird mit ihr bekannt und, wenn man den Abend daran setzen will, hier schon vertraut, so viel es die Augen der Andern in der Loge erlauben und die erlauben — viel. —

Verachtung und Unwissenheit guter Sitten bringen überall gleiche Wirkungen hervor; wenn der vornehme Pöbel aus falscher Erziehung tugendleer ist, so ist es der niedrige aus Mangel derselben. Noch im April 1791 existirte im Palais Royal ein öffentliches Theater, wo ein sogenannter Wilder und eine Wilde, ganz im Stande der Natur, vor den Augen eines zahlreichen Publikums beiderlei Geschlechts das Werk der Begattung vollzogen. Der Friedensrichter ließ endlich die beiden Acteurs vorfordern und da fand es sich, daß der Wilde ein Kerl aus der Vorstadt St. Antoine und die Wilde eine gemeine Hure war, die sich sehr ansehnliche Summen Geldes von den neugierigen Zuschauern auf diese Art verdient hatten. —

Die Kunst, das Leben zu versüßen, ist nicht das einzige Verdienst jener würdigen Matronen, sie verstehen auch die Kunst, das Leben zu verlängern. Eine solche Wiederherstellerin entkräfteter Wollüstlinge unterhält mehr als vierzig Mädchen, die in der ersten Blüthe ihres Alters und von der vollkommensten Gesundheit sein müssen, welche man ihnen durch den

Genuß ausgewählter Speisen und durch tägliche Bewegung zu erhalten sucht. Zu der Kur eines einzigen Mannes werden sechs Mädchen, die nach des Königs David bekannter Beischläferin Sunamitinnen genannt werden, erfordert.

Das erstemal ist die Matrone selbst gegenwärtig, sie läßt den Patienten in ein aromatisches Bad steigen, reibt und reinigt seinen Körper so lange mit der Hand, bis aller Schmutz weggenommen ist. Dann legt sie ihm einen tüchtigen Maulkorb an, führt ihn zu Bette und legt ihm auf jeder Seite eine Sunamitin zu, deren Haut die seinige berührt. Ein Mädchen kann diesen Dienst nur acht Nächte hinter einander versehen, dann lösen ein paar frische sich ab und die beiden ersten ruhen aus, baden sich die zwei ersten Tage, und vergnügen sich vierzehn Tage lang, bis die Reihe wieder an sie kommt. Der Alte muß nicht nur das dienstthuende, sondern auch die ausruhenden Mädchen bezahlen; dieses beträgt für jede Nacht drei Louisd'or. Jedes Mädchen bekommt sechs Francs und die Matrone behält die zwölf übrigen für sich. Man gibt sorgfältig acht, daß die jungfräuliche Keuschheit dieser Sunamitinnen unangetastet bleibt; geht sie verloren, so würden die Lebensverlängerinnen, besonders während der Schwangerschaft, schädlich statt nützlich sein. Erlaubt sich der Patient den Genuß eines solchen Mädchens, so würde er sich nicht allein sehr schaden, sondern auch eine beträchtliche Summe verlieren, die er gleich anfangs in die Hände der Wiederherstellerin niederlegen muß.

Ein Mädchen dient zu diesem Gebrauche drei Jahre, von dem Zeitpunkt an gerechnet, wo sie mannbar wird. Später würde sie den Greis dominiren und seine Ausflüsse zurückstoßen, statt durch ihre Einflüsse auf ihn zu wirken, und wäre sie eine von seinen ehemaligen Sunamitinnen, so würde sie ihm die verderbten Auswurfsflüssigkeiten zurückgeben, die sie von ihm empfangen hatte. Ein Mädchen, das täglich gebraucht wird, kann höchstens nur ein Jahr tauglich bleiben. Die Periode des sunamitischen Dienstes ist gleichsam das Noviziat zum Orden der Buhlerin, ist jene vorüber, so werden sie in diesen eingeweiht.

Weichliche, üppige Lebensart, Gelegenheit, sich jede Art von Wollust mit Leichkigkeit zu verschaffen, übersättigt früh den schwelgerischen Stadtbewohner, macht ihm den Geschlechtsgenuß innerhalb der Grenzen der Natur gleichgültig und minder gesucht; die Furcht vor ansteckenden Krankheiten verwandelt diese Gleichgültigkeit bald in Abneigung; bei Manchen die Begierde, keine Art von Genuß unversucht zu lassen, bei Andern ein corrupter Geschmack an schönen Frauen und das Ungeheuer der Natur, die Päderastie, hebt aus dem lasterhaften Schlamm ihr scheusliches Haupt empor. Dieses Scheusal der Menschheit verbirgt sich unter dem Gewand einer entgegenkommenden Gefälligkeit; in seinem Tone herrscht bald eine süße, lockende, bald eine neckende Schmeichelei, in der Geschmeidigkeit seiner Manieren, in der Gewandtheit zu überreden hat es die höchste Vollkommenheit erreicht und ist desto gefährlicher für den unschuldigen, nichts Arges wähnenden Jüngling, den es unwiderstehlich an sich zieht; sie wohnt fast in allen großen europäischen Städten, nur mit dem Unterschiede, daß sie da allgemein herrscht, wo Schwelgerei und heißeres Klima den Stachel der Wollust früher weckt, heftiger reizt und schneller zerstört.

In Italien sind diese Verirrungen menschlicher Natur zu Hause und dessen gallische Nachbarn, besonders die Pariser, sind in und außer ihrem Vaterlande als wollüstige Freunde ihres Geschlechts berüchtigt. Aber dieser Vorwurf trifft die männliche Welt in der Hauptstadt nicht allein; die Zunft der Tribaden oder, wie sie sich selbst nennen, der Vestalen war im vorigen Jahrzehnt so zahlreich und theilte ihren Mitgliedern, einen solchen magischen Reiz mit, daß der Vorzug des weiblichen Geschlechts in der Theorie und Praxis aller ersinnlichen Wollüste vor dem männlichen auf immer entschieden war.

Die Vestalen hatten zu jener Zeit vorzüglich zwei Versammlungsörter in Paris. Der vornehmste war in dem Hause der Madame de F., wo die feinste Theorie der sinnlichen Empfindungen mit der ausgeartetsten, wildesten Phantasie vereinigt ward.

Die Verbündeten wurden in postulantes oder Novizen und in femmes oder Geweihte eingetheilt. Alle vom Gesetz der Vesta ausgeschlossenen Frauenzimmer hießen profanes und diejenigen, die sich zur Aufnahme gemeldet hatten, desirantes. Diese wurden, wenn sie gewisse — leicht zu errathende Eigenschaften besaßen, auf folgende Art eingeweiht:

Die Desirante ward in den Versammlungssaal geführt, unterdeß zwei Geweihte Wache hielten. Dieser Saal war sehr schön und hatte eine reizende Form. In der Mitte desselben standen vier Altäre, auf welchen das vestalische Feuer ununterbrochen brannte. Den vornehmsten Altar zierte die Büste der Sappho, als der Schutzheiligen des Tempels; neben ihr prangte der Ritter d'Eon, dessen meisterhaft gearbeitete Büste von dem berühmten Hudon verfertigt war. Rund umher an der Wand standen die Büsten der Griechinnen, deren Sappho in ihren Liedern erwähnt hat. Die Priesterinnen saßen auf kleinen Ruhebetten; auf jedem derselben eine Geweihte und eine Novize. Die ersten trugen eine feuerfarbene Levite und einen rosenfarbenen Gürtel. Zuerst wurde im Beisein der Desirante über ihre Zulassung zu den Prüfungen gestimmt, alsdann wird sie in einen Zustand versetzt, der den forschenden Blicken der geweihten Kennerinnen nichts zu errathen übrig läßt. Eine der ältesten Priesterinnen liest die Uebersetzung eines lateinischen Gedichts des Johann von Nevizan vor, welches das Formular war, wonach die Untersuchungen angestellt wurden. Dies Gedicht fordert dreißig Schönheiten von einem vollkommenen Mädchen *); wenn die

---

*) Eine nicht übel gerathene deutsche Uebersetzung ist folgende:

Dreißig Reize bedarf's, der Schönheit Ruf zu erwerben.
Helena nannte man schön, und so sei jegliches Mädchen.

Desirante sechzehn derselben besitzt, war sie der Aufnahme fähig. Sie wurde alsdann mit gewissen unbekannten Feierlichkeiten zur Novize geweiht und legte einen Eid ab, dem vertrauten Umgang mit dem männlichen Geschlecht gänzlich zu entsagen und sich dem Genuß reinerer und gefahrloser Freuden zu widmen.

Weißer Reize besitze sie drei, von schwarzen und rothen,
Auch von langen und kurzen dieselbe gepriesene Dreizahl.
Wohlgerundete Theil' und schlanke, schmale wie breite
Seien wie kleine bei ihr in dreifacher Anzahl zu finden. —
Weiß sei die Haut, schneeweiß auch die Zähne, und blond sei das Hauptkaar,
Schwarz das Auge und dunkel die schattigen Brauen des Auges.
Wangen und Lippen und Nägel erfreuen durch liebliche Röthe.
Lang sei die schöne Gestalt und lang die Hand und die Haare,
Kurz die Zähne, das Ohr und der Fuß. Breit wölbe die Brust sich,
Breit die Stirn, die Brauen des Auges steh'n breit von einander.
Schmal sei der reizende Mund und schmal auch der Gürtel der Jungfrau,
Arm und Hüfte jedoch sei schwellend in üppiger Fülle.
Zierlich geformt müssen Lippen und schlank die Finger, das Haar sein,
Klein und niedlich zuletzt das Köpfchen, die Nase, der Busen.
Selten aber, ja nie vereint sind diese Reize zu finden,
Selten also, ja nie ist schön ein Mädchen zu nennen.

Den Beschluß der Weihe machte ein Mahl, welches durch Allegorien und Gesang unterrichtend für die Novize wurde. Die Proben für die postulantes, welche in die höheren Klassen aufgenommen werden sollten, waren sehr schwer. Man verschloß sie in ein Cabinet, worin die mannigfaltigsten Gegenstände die lebhaftesten Vorstellungen an die Liebe männlichen Geschlechts rege machen konnten. Der auffallendste war jene berüchtigte römische Gottheit, die Statue des Priapus, die man in der Mitte des Cabinets in ihrer ganzen Energie aufgestellt hatte. Am Fuße dieser Statue befand sich ein Kohlenfeuer von der sonderbaren Eigenschaft, daß, wenn man nur einen Augenblick unterließ, es durch gewisse Materialien zu unterhalten, oder, wenn man zuviel von denselben hineinthat, es sogleich verlosch. Die Novize war daher genöthigt, von diesen Materialien ununterbrochen etwas hinein zu werfen; vergaß sie dieses nur einige Minuten, indem sie beim Anschauen so vieler Gegenstände der männlichen Wollust ihrer Phantasie das kleinste Spiel einräumte, so erlosch das Feuer und gab den Beweis ihrer Zerstreuung und Schwäche. Diese Prüfungen dauerten drei Tage. Bei der Stufenweihe der Novizen hielten die Priesterinnen Reden; dieser Orden hatte die Ehre, Damen aus den höchsten Ständen in seiner Mitte zu sehen. — Ce senat auguste, sagt ein berühmter Schriftsteller, est composé de Tribades le plus rénommées et c'est dans ces assemblées que se passent des horreurs que l'écrivain le moins délicat ne peut citer sans rougir. Alle diese schändlichen Ausbrüche der rohen und verfeinerten Geschlechtslust haben damals die Aufmerksamkeit der Demagogen der Republik auf sich gezogen. Besonders hat sich Chaumette durch seinen Eifer gegen diese Laster bekannt gemacht. Aber die Quellen zu verstopfen, die Lasterhaftigkeit in einer solchen Hauptstadt und unter einem solchen Volke auszurotten, sind Träume, die in das Jahr 2440 gehören.

Vor der Revolution befand sich im Palais Royal eine Anstalt, die von einem Restaurateur gehalten wurde und alles darbot, was die Sinne berauschen konnte. Bei dem Souper fin öffnete sich ein besonderer Salon auf ein gegebenes Zeichen, beim Rauschen einer sanften Musik und einer Wolke von Wohlgerüchen, der Balkon, von welchem, wie aus einem Olymp, eben so schön als leicht gekleidete Nymphen herabstiegen, die dann die Verdauung befördern halfen. Indeß gibt es noch heutiges Tags in Paris eine Menge von Häusern, in denen scheinbar der anständigste Ton herrscht. Bei dem ersten Eintritt wird man von einer kleinen Gemäldegallerie überrascht, welche die hier befindlichen, nach der Natur gemalten Schönheiten enthält. Wir entscheiden über unsere Wahl und auf einen leisen Wink steht das Original vor uns, bereit, in alle unsere Wünsche einzugehen. Aber auch dann noch muß eine erheuchelte Sittsamkeit dem Genusse größern Reiz geben. Annähernde, lebhafte Unterhaltung, schäkernder Witz, ein feines Souper steigern das Verlangen nach dem

Ziele. — Aber merket, die Zahl der Goldstücke, die ihr auf die Tafel werft, entscheidet, ob ihr zu wiederholenden Besuchen eingeladen werdet oder nicht; wollt ihr aber die plötzliche Verwandlung aller dieser Liebenswürdigkeiten in zurückstoßende Kälte und verächtliche Mienen sehen, so schont eure Börse nur um ein Goldstück und ihr werdet, ohne daß man euch eines Blicks würdigt, entlassen.

In der Mitte des vorigen Jahrhunderts zählte man in Paris gegen 30,000 Freudenmädchen; jetzt ist ihre Zahl bereits auf 50,000 angewachsen und im Steigen begriffen. Ihre Mehrzahl sind unstreitig Eingeborne; die übrigen sind aus der Provinz und werden von Kupplerinnen geworben, die zu diesem Zwecke das ganze Land durchstreifen und förmliche Listen über die aufblühenden, feil zu machenden Schönheiten der bedeutendsten Departementsstädte führen und ihre Agenten in der Provinz haben. Manche von diesen Opfern der Verführung stürzen sich für immer in den sittenlosen Strudel der ungeheuern Stadt, um nur der Verachtung zu entgehen, der sie sich bei der Rückkehr in ihren Geburtsort preisgeben würden.

Uebrigens scheint die Pariser Polizei die Ansicht des römischen Kaisers Vespasian, daß das Geld niemals durch den Geruch die unreine Quelle seines Erwerbs verräth, zu theilen: sie behält sich bei jenen Lustdirnen eine erkleckliche Dividende ihres Gewinnes vor. Diese indirekte Besteuerung von Einem Thaler monatlich steigt aber mittelst der centimes additionels bis auf 5 Franken, was sich jährlich für den Kopf auf 60 Franken beläuft und für die Gesammtzahl von 50,000 steuerbaren Subjecten die ungeheure Summe von 3 Millionen Franken jährlicher Einkünfte abwirft. Diese Auflage, in Verbindung mit den auf Lotterie und Hazardspiele gelegten Abgaben, bilden eine hinlängliche runde Summe, um ein verständiges, seinen Vortheil wahrnehmendes Gouvernement in den Stand zu setzen, sich allezeit die erforderliche Anzahl Stimmen geneigt zu macheu, wenn es deren bedarf. So wird hier das Laster wie ein Erzeugniß des Gewerbsfleißes besteuert und jeder Winkel wird hier eine Münzstätte der Polizei. Zu solchen entehrenden Finanzoperationen hat sich das fiscalische Genie des brittischen Gouvernements, das sonst diese Kunst meisterhaft versteht, doch noch nicht herablassen mögen. Duldet man auch dort das Laster, so wird es doch nicht zum Besten der Staatskasse mit Taxen belegt, was ziemlich eben so viel heißt, als an dem Verbrechen Theil nehmen und dazu aufmuntern. Es ist schauderhaft und kaum zu glauben, daß sich hier Beispiele von unfreiwilliger und unwissender Blutschande ereignen und es werden Fälle verbürgt, daß junge Wollüstlinge in Freudenmädchen, nur zu spät, ihre eigenen — Schwestern erkannten. Ja man weiß aus der neuesten Zeit, daß sich ein junger Mann, der eben erst aus den Colonien zurückgekehrt war, durch eines jener frechen Geschöpfe in ein solches Haus der Unzucht verlocken ließ. Kaum hat er ein Wort mit ihr gewechselt, als er sich, zum Tode erschreckt, aus ihren Armen, den Armen — seiner Mutter reißt.

Wenn Italiens heißeres Klima als Mitursache seiner in Faulheit und Wollust versunkenen Bewohner anzusehen ist, so muß doch der ungleich größere Antheil an diesen und andern Lastern dem Dämon der Möncherei und einer verabscheuungswürdigen Regierung zugeschrieben werden; denn diese, anstatt durch ihren Einfluß auf die Sittlichkeit der Nation die Ausrottung oder wenigstens die Verminderung des Lasters zu bewirken, bringen gerade das Gegentheil — Nahrung und Vermehrung desselben hervor. Man wird dies etwa nicht bei einem Zweig der Staatsverwaltung, sondern bei dem gesammten Regierungswesen in bürgerlicher, ökonomischer und religiöser Rücksicht gewahr. Die Gerechtigkeit ist in allen Tribunalen feil; Ackerbau, Industrie und Handel finden nicht allein keine Aufmunterung, sondern werden überall durch Fesseln, Privilegien und Druck erstickt; die Religion ist ein Gaukelspiel für die Sinne, dessen ganzer Werth für den Verehrer darin besteht, daß er sie fühlt, betastet und sieht. Man darf nur den Gottesdienst, der einer geistlichen Oper vollkommen gleicht, regelmäßig besuchen, so hat man alle Verheißungen des Himmelreichs, und kann auf Absolution für jedes Bubenstück Rechnung machen.

In keinem Reiche unseres Erdtheils ist es je einer einzigen herrschenden Kraft gelungen, alle übrigen einzelnen Kräfte so allgewaltig an sich zu ziehen und sie allzumal zu verschlingen, als der Allmacht der dreifachen Krone. Aber die morschen Pfeiler des stolzen Vatikans sind erschüttert, seinen zerschmetternden, über den ganzen Erdkreis hingeschleuderten Blitzen ist der zweifache Nachdruck entrissen, den ihm die verdoppelte Furcht vor dem Henker und dem Teufel verlieh. — Schüchtern wagt er seinen Arm über die engen Grenzen seines Gebiets und schreckt nur hie und da, wo Finsterniß die Erde deckt. —

Nur Römer, Neapolitaner &c., die ihre ganze Selbstständigkeit verloren, durch Gewohnheit, Geduld, Hoffnung und blinden Glauben eingewiegt — können sich glücklich träumen und die Fesseln des Despotismus küssen, während ihre gallischen Nachbarn sie mit Füßen treten. —

Als Folge des Cölibats kann man im Kirchenstaat, ohne es zu übertreiben, auf Eine Mannsperson mehr als fünf Weiber rechnen. — Nach diesem Maßstab läßt sich schon die Zügellosigkeit der römischen Sitten bestimmen. — Die Ausschweifungen der Geschlechtsliebe mehrerer italienischen Nationen finden, außer in den eben angeführten allgemeinen Quellen, noch besonders in den Sitten Gelegenheit und im Cicisbeat einen weiten Spielraum. —

Die Sitten der Römer, denen die der übrigen Bewohner des Kirchenstaats so ziemlich gleichen, tragen das Gepräge eines immerwährenden Strebens nach Reiz und Genuß der Sinne an sich. Der Römer verwendet alle übrige Kraft seines Daseins, welche ihm der Schlaf übrig läßt, auf Liebe und

Processionen. Nach der Mittagstafel geht er zu Bett und schläft bis sechs Uhr des Abends. Hernach thut man soviel als nichts.

Es wird Nacht; alle Arbeit hat ein Ende. Männer, Weiber, Mädchen, alles läuft jetzt aus, bis drei Uhr des Morgens. Man spaziert im Corso, man besucht die Conversationen, genießt Collationen und läuft in den Wirthshäusern ꝛc. herum.

Jeder Abend ist ein Fest, wo Amor den Vorsitz hat. Allein dieser Amor ist keiner von den feineren; Sinne sprechen mit Sinnen, und selten redet Herz und Phantasie mit der Phantasie und dem Herzen. Hier findet die Liebe keine Hindernisse, die sie verstärken, keine sittlichen Begriffe, die sie verschönern; sie ist weiter nichts, als Zeitvertreib oder Laune. Vergeblich sucht man bei den Weibern jene herzliche Zärtlichkeit, die den Zauber der geheimen engen Gemeinschaft zwischen zwei Liebenden macht, jene Zärtlichkeit, deren Leiden Wollust sind, die in Aufopferung schwelgt, durch Genuß vermehrt wird, kurz jene sittliche Liebe, die den physischen Trieb fesselt oder beherrscht, oder wenigstens ihn verbürgt und schmückt. Die Liebe trägt hier nicht das schamhafte Gewand der nördlichen Schönen, das ihren Reiz so erhöht. Die Sprache ist ausgelassen; sagt man einem Weibe etwas, so sagt man ihr alles. Von Liebe reden, ist bei uns eines ihrer Mysterien; bei den Römern einer der Gemeinsprüche der Unterredung, so gut wie das Wetter, die Ankunft eines Fremden und dergl. Vor den Müttern spricht man mit ihren

Töchtern von Liebe, und Mütter sprechen von Liebe vor ihren Töchtern. Die Mutter erzählt ohne Rückhalt: meine Tochter ißt und trinkt nicht, sie hat die Liebe (ha l'amore), als ob sie sagte: meine Tochter hat das Fieber. Man kann den Mangel an Schamhaftigkeit, welcher sich auf mancherlei Art äußert, zum Theil mit dem Klima entschuldigen. Hierher gehört die Gewohnheit beiderlei Geschlechts, nackend zu schlafen. Mutter und Tochter entkleiden sich gemeinschaftlich, ohne daß sie in der Mittheilung ihrer Blöße eine Unanständigkeit finden.

Dasselbe geschieht zwischen Vater und Sohn, zwischen Schwestern, Brüdern, Bekannten und Unbekannten. Wenn diese Gewohnheit auf der einen Seite das Gute erzeugt, daß man in der Entblößung jene Gefahr nicht sieht, welche sich die geschäftige Einbildung vermuthet, so geschieht es auf der andern nicht selten, daß die Katastrophe der Biblis wiederholt wird. — Die ehrbarsten Mädchen, wenn sie arm sind, bequemen sich ohne Anstand dazu, Malern und Bildhauern Modelle abzugeben; um den bestimmten Preis und einige Erfrischungen dauern sie mit der größten Gleichgültigkeit die Zeit aus, während das forschende Auge des Künstlers auf ihren reizenden Formen weilt. — Schauspiele, Musik, Gesang und Tanz, alles athmet Liebe; und Liebe schließt alle andern Leidenschaften aus. Ihre größten Dichter, selbst Metastasio, haben sich von diesem Nationalgeschmack nicht losreißen können; Petrarca besang vierzig Jahre lang die schöne Gestalt und die schöne Seele seiner Laura.

Die Mönche schleichen in allen Häusern herum, wo sie schöne Frauenzimmer wittern. Ihre Liebschaften sind kein Geheimniß in Rom; sie sind so berüchtigt, daß man, um ein Frauenzimmer verächtlich zu machen, nur sagen darf, es kommen Mönche zu ihr. Daher werden sie auch in vielen Häusern abgewiesen, welche gegen ihre Ehre oder Ruhe nicht gleichgültig sind.

Diese geistlichen Herren sehen sich deßwegen oft genöthigt, ihre weltlichen Bedürfnisse da zu befriedigen, wo die Liebe gegen den Gewinn nicht unempfindlich ist.

Der Obere des Klosters der Madonna del Popolo wollte einst eine Nacht in den Armen einer feilen Schönen zubringen. Diese nahm mit dem Barigella, dem Häscherhauptmann, Abrede, den guten Pater in diesem verliebten Abenteuer zu überraschen und versprach, den Kaufpreis seiner Freiheit mit ihm zu theilen. Der entdeckte Prior gibt in der Angst, bittet aber die Behörde, eine Banknote von 70 Scudi, welche die und die Kennzeichen habe, anzuhalten und solche ihm, als dem Eigenthümer, zuzustellen. Der Barigella erscheint, um sein erbeutetes Papier in Münze zu verwandeln. Man fragt ihn, wie er zu dessen Besitz gekommen sey, und sagt, daß sich bereits der rechtmäßige Eigenthümer dazu gemeldet habe; der Barigella erschrickt, macht einige Entschuldigungen und verschwindet. — Um dergleichen Prellereien zu vermeiden und kein Aufsehen zu machen, halten es daher andere geistliche Herren, Cardinale und Prälaten am klügsten und bequemsten, sich ein Mädchen zu wählen, solches an einen ihrer Bedienten zu verheirathen, mit der ausdrücklichen Bedingung, daß das von ihrem vertrauten tête-à-tête unzertrennliche Geschäft unter der Firma seines Namens getrieben werde. Manche sind so eigensinnig oder gewissenhaft, daß sie den bürgerlichen Ehemann unter einem Eidschwur verbinden, sich nie der Gelegenheit zu bedienen, den leiblichen Gatten zu spielen. Dergleichen Ehen geben den Schlüssel zu dem Geheimniß, wie es manchen Menschen von dunkler Herkunft gelungen ist, sich zum Prälaten, zum Cardinal und sogar bis auf den heiligen Stuhl empor zu schwingen.

In Italien erlaubt es der Wohlstand nicht, daß eine vornehme Dame bürgerlichen oder adeligen Standes ohne Begleitung eines Cavaliers öffentlich erscheine, eine Sitte, deren Ursprung man auf mancherlei Art zu erklären gesucht hat. Baretti, der, aus Vorliebe zu seiner Nation, Sarpi's Schilderung von der Sittenlosigkeit der verheiratheten Damen mit Bitterkeit widerlegt, will den Ursprung des Cicisbeats aus den Ritterzeiten und aus dem Nationalhang zu einer platonisirenden Liebe herleiten. Diese Meinung hält nicht die Probe der Kritik aus und es ist überhaupt unnütz, über Dinge in der Ferne zu grübeln, wo der Aufschluß in der Nähe ist. Es kann keine allgemeine sittliche Gewohnheit in einem Lande herrschen, die ihren Grund nicht in dessen bürgerlicher oder religiöser Verfassung hat. Man sieht auf den ersten Blick, daß die Cicisbeatur der Italiener in diesen beiden Quellen wechselseitig Dasein und Nahrung findet. Die Damen haben keinen sichern Vortheil an der Gütervermehrung ihrer Ehegatten, weil sie an deren Hinterlassenschaft keinen Antheil haben und nach deren Tode von den Erben in ihr väterliches Haus mit ihrer eingebrachten Mitgift zurückgeschickt werden können. Sie bekümmern sich daher gar nicht um die Haushaltung und verstehen sie auch nicht. In den Klöstern von tändelhaften Nonnen erzogen, wissen sie sich nur mit solchen Dingen zu beschäftigen, die zu ihrem Putz gehören. Ein solches geschäftsloses Leben muß nothwendig jenes zahllose Heer von Bedürfnissen erzeugen, die nur allzufrüh das Vermögen des Mannes erschöpfen, wenn er schwach ist, seine Gattin liebt und ihren immer steigenden Forderungen Gehör gibt. Madame ist indeß schon auf den Ruin des Mannes gefaßt. Ein Mann von Wichtigkeit hat ein Auge auf sie geworfen und sie hat ihn ausgezeichnet. Er macht sich bei dem Herrn Gemahl beliebt, stattet Besuche ab, wird auf die verbindlichste Art aufgenommen, kurz, wird Freund — vom Hause. Monsignor erräth bald, worauf es abgesehen ist; Madame läßt ihn nur einen Blick in die Lage ihres Mannes thun und Geldvorschüsse erscheinen unverzüglich. Anfangs läßt man sich ein wenig bitten, um sie anzunehmen, zuletzt nimmt man sie an und verspricht baldige Wiederbezahlung. Monsignor, der nun Gläubiger vom Hause geworden ist, faßt festen Fuß und impatronisirt sich unvermerkt, indessen sein Schuldner, den die Unmöglichkeit der Wiederbezahlung bindet, gezwungen ist, die Augen zuzumachen und zu seinen Aufwartungen zu schweigen. —

Die öffentlichen Privilegien eines cavaliere servente — die geheimen lassen sich leicht errathen — bestehen in dem Recht, freien Zutritt bei der Dame zu haben und sie ins Schauspiel, in die Conversation, auf den Spaziergang und bei allen Lustpartien zu begleiten. Dagegen sind auch seine Pflichten nicht minder klein. Er muß für die Toilette, die Leckereien und Vergnügungen der Madame auf das reichlichste sorgen und in allen diesen Punkten, die das Resultat der herrschenden Leidenschaften ihres Geschlechts sind, ist sie gewöhnlich nichts weniger als genügsam. Je mehr der Gemahl bei diesem Umgange seine Rechnung findet, je weniger wird er sich eifersuchtig gegen den Cavaliere servente bezeigen, oder ihm zur unrechten Zeit lästig fallen. Die meisten römischen Männer schätzen sich sogar glücklich, wenn sie des Aufwands für die Toilette ihrer lieben Hälften überhoben sind, und scheinen es gar nicht zu wissen, welche magnetische Kraft so viel reiche Geschenke in ihr Haus zieht. Andere sind so weit über das Vorurtheil der Ehre des Ehestands hinaus, daß sie sogar ihre Vermittlung und guten Dienste zwischen der Frau und dem Cavaliere servente anbieten, wenn sie sich etwa mit einander überworfen haben. Die italienischen Damen wissen ihre Rolle so gut zu spielen, daß sie nebenbei oft noch ihre verliebten Grillen befriedigen und sich einen von den

Günstlingen beilegen, die den niedrigen Titel Cicisbeo führen. Uebrigens ist die Dame gar nicht verpflichtet, immer und ewig einerlei Cavaliere servente zu behalten; sie gibt ihm den Abschied, sobald sein Beutel erschöpft, oder sie nicht mehr zufrieden mit seiner Freigebigkeit ist und einen andern reicheren und großmüthigeren im Netze hat. Dies versteht sie so geschickt zu wenden, daß der arme Teufel ganz im Stillen abzieht und in den Augen des Publikums aller rechtlicher Schein auf ihrer Seite ist.

Daß die Quelle dieser allgemeinen Sittenlosigkeit bloß in der ungeheuren Menge von Leuten zu suchen ist, die ihr Stand und Ehrgeiz zum Cölibat verdammt, wird Niemand läugnen, weil mit diesem die einträglichsten Stellen verknüpft sind, so ist es kein Wunder, daß viele Personen den ehelosen Stand ergreifen. Aber die Natur verliert ihre Rechte nicht, und nach der bekannten Wahrheit, privatio generat appetitum, lassen die Monsignors und andere weltliche und geistliche Ehelosen aus allen Ständen und Klassen keine Wege unbetreten, keine Mittel unversucht, ihre Naturtriebe zu befriedigen. Ihre reichen Einkünfte von Kirchenpfründen sind ebensoviele Lockspeisen für die Bedürfnisse der Armuth und des Luxus der Weiber und nicht selten ihrer Männer. Uebrigens sind sie im Umgang mit verheiratheten Weibern vor allen öffentlichen Folgen gesichert.

In einer Nation ohne Sitten müssen natürlich Männer Verbindungen scheuen, deren Bruch Religion und Gesetze auf immer verbieten. Ausschweifung ist ihnen ein mannigfaltiges Zufluchtsmittel, in welchem sie vor den einförmigen und gesetzmäßigen Vergnügungen der Ehe mancherlei Vorzüge und keine ihrer Unbequemlichkeiten finden. Da überdies hier die gesetzgebende Macht so viel Nachsicht gegen die Ausschweifungen eheloser Personen äußert, so ist es kein Wunder, daß auch selbst die Erstgebornen, welche den mit dem Ehestande verknüpften Luxus bestreiten könnten, die eheliche Verbindung verzögern, bis die Kräfte des männlichen Alters erschöpft sind und der unmäßige Genuß der Wollust sie zur Empfindung ehelicher Liebe unfähig gemacht hat. Gewohnt, nur den Honig von einer jeden Blume zu kosten, verabscheuen sie einen Stand, worin die Rosen ihre Dornen fühlen lassen. Die Anzahl solcher flatterhaften Weichlinge nimmt in Italien von Tag zu Tag zu und droht nicht nur dem Ehestande, sondern jeder männlichen Tugend den Untergang. Es erneuert sich hier jenes unglückliche Zeitalter der alten Römer, da der Luxus durch allzu verzärtelte und ausgesuchte Wollust alles Gefühl von unschuldigen Vergnügen aus ihren Herzen verbannt hatte, und da die sinkende Republik sich gezwungen sah, durch Strafgesetze und Belohnungen zum Ehestande zu ermuntern. — Bei dem ungeheuren Aufwand, welchen der Luxus im Ehestande fordert, läßt es sich denken, daß Eigennutz der erste Rathgeber der Männer ist, welche sich zu diesem Schritt entschließen. Kaltsinniger, verstellter Umgang, bittere Vorwürfe, eheliche Untreue, offenbare Trennung und Feindschaft sind die unausbleiblichen Folgen solcher Matrimoni di massinia, wie sie sie nennen.

Aus allen diesen Umständen wird uns die eingerissene Nothwendigkeit des Cicisbeats sehr begreiflich und wir dürfen uns nicht mehr wundern, daß es sogar nicht selten geschieht, den Cavaliere servente oder den Cicisbeo im Heirathscontracte zu bestimmen, wenn nämlich die Dame Ursache hat, etwas Widriges von ihrem zukünftigen Gemahl zu befürchten.

Eine Dame, die von ihrem Gemahl begleitet sein wollte, müßte sich schlechterdings entschließen, den öffentlichen Gesellschaften und dem Theater zu entsagen. Man würde sie als eine eigensinnige und unartige Person, ihn aber als einen eifersüchtigen und unerträglichen Mann ausschreien und öffentlich verhöhnen. Will sich die Dame nicht selbst einen solchen Begleiter wählen, so ist der Ehemann gezwungen, um nicht die Fabel des Publikums zu werden, einen seiner Freunde und Bekannten zu ersuchen, diese Stelle bei seiner Frau zu übernehmen.

Die römischen Damen gleichen vollkommen den Entretenues in Paris und der Cavaliere servente dem parisischen Freund des Hauses. — Es ist nichts gewöhnlicher in Rom, als bei vornehmen Damen Glück zu machen, so gewöhnlich, daß es Glück zu sein aufhört; die anerkannteste Galanterie schadet hier nicht dem Ruf. Ein Weib ist tugendhaft, wie sie häßlich ist, galant, wie sie schön ist.

So allgemein auch die Ausschweifungen der verheiratheten Weiber in Rom sind, so finden dabei doch die öffentlichen Priesterinnen der Freude reichliche Nahrung. Noch heutzutage herrscht die Gewohnheit des alten Roms, daß auf der Straße vor den Gewölben oder Kammern, in welchen käufliche Weiber wohnen, Lampen brennen, welche die Matrone so lange wegnimmt, als der Besuch bei einer ihrer Schönen dauert.

Papst Pius V. zeigte sich als einen so abgesagten Feind der öffentlichen Buhldirnen, daß er sie gänzlich aus der Stadt schaffen wollte; da er diese Absicht aber nicht erreichen konnte, so verordnete er, daß sie nicht in allen Straßen zerstreut, sondern in einer gewissen Gegend der Stadt beisammen wohnen sollten, damit man sie sowohl, als diejenigen, die sie besuchen, nicht beobachten könnte. Zugleich befahl er, daß keine von solchen Frauenspersonen, wenn sie in ihrem schändlichen Gewerbe stürbe, anders als in Mist begraben werden sollte. Der Rath der Stadt, als das Organ der Geistlichkeit, stellte zwar vor, es würde dadurch der Stadt die alte Freiheit genommen, die Keuschheit der Frauen mehr in Gefahr gesetzt, mehr Gelegenheit zu einem Laster, welches schon der Apostel Paulus den Römern vorgeworfen, gegeben, und insbesondere büße die Bürgerschaft dabei ein, indem sie aus der Vermiethung ihrer Häuser in Zukunft nicht so viel würde ziehen können; allein der Papst blieb bei seinem Entschlusse und wollte eher Rom verlassen und anderswo seine Residenz nehmen, als hierin nachgeben. Man fand daher für rathsam, sich nicht weiter zu widersetzen.

Der Schein der Religion hatte mehrere dergleichen, leider sehr unnütze Vorkehrungen hervorgebracht. Die feile Schwesterschaft ist nämlich an verschiedenen Orten Italiens genöthigt, einigemal des Jahres sich in einer bestimmten Kirche einzustellen und eine Predigt anzuhören, wodurch sie nachdrücklichst von ihrem sündlichen Leben abgemahnt wird. Diejenigen, welche sich durch solche Vorstellungen bewegen lassen und zum Zeichen ihrer Reue ein Kruzifix, welches herumgereicht wird, küssen, werden in dazu gewidmete Klöster aufgenommen. Dies geschieht gewöhnlich am grünen Donnerstage. Die meisten aber sehen diesen Schritt als einen verzweiflungsvollen Entschluß an, zu dem sie nur dann ihre Zuflucht nehmen, wenn ihre Reize verblüht, abgenutzt, ihre Kunden verschwunden und Mangel und Elend mit ihrem Gefolge bei ihnen eingekehrt sind.

In Neapel und Genua geht es mit den Ausschweifungen der Liebe, wie in allen den Ländern, wo man keinen Bettelstand kennt, weil die Armuth allgemein ist. Das andere Geschlecht ist in Neapel eine Waare, womit Väter und Mütter, Ehemänner, Brüder, Mönche und Laien öffentlich handeln. Der öffentlichen Dirnen gibt es hier eine große Menge, allein sie unterscheiden sich durch nichts und sind unter die Masse des Geschlechts gemischt.

In Genua ist das Cicisbeat am meisten im Schwange. Die Ausschweifung geht hier in Privathäusern so weit, daß man keine öffentlichen kennt. Es gibt keine öffentlichen Priesterinnen der paphischen Göttin, weil alle an ihren Altären opfern. Die Priester sind hier so zahlreich, daß keine Spur von Gottesfurcht zu finden, der regierenden Herren so viele, daß man eine völlige Anarchie bemerkt, und die Almosen so überschwänglich, daß alles von Bettlern wimmelt.

Ebenso ist in Venedig die Galanterie ein öffentlicher Handel, den vornehme und geringe Damen mit ihren eigenen Reizen und mit denen ihrer Verwandten treiben. Bei neun Mädchen unter zehn, die sich ergeben, sind Mutter und Muhme die Verkäuferinnen; lange vorher schließen sie einen Handel über die Jungfrauschaft, um ihnen, wie sie sagen, eine Aussteuer geben zu können. Sie vermiethen ihre Töchter an den Meistbietenden, er sei fremd oder einheimisch, Prälat, Mönch oder Laie. Das Zusammenströmen einer Menge Fremder und die Freiheiten in der Carnevalszeit sind nicht nur für diese Klasse eine reiche Ernte, sondern dieser Zeitpunkt bietet auch den Vornehmen beiderlei Geschlechts die günstigsten Gelegenheiten dar, ihre wollüstigen Begierden auf die leichteste Art zu befriedigen, weil fast nirgends einer Maske der Zutritt versagt wird. Die Töchter der Vornehmen werden zwar meist in den Klöstern erzogen, aber auch hier wird die Weiberlicenz täglich größer. — Das Cicisbeat ist fast allgemein, jede Bürgersfrau muß ihren Cicisbeo haben, der gemeinhin ihr alter Liebhaber ist. Ist er arm, so muß ihn die Dame unterhalten und versinkt oft in tiefe Schulden. — Die Buhlerinnen treiben hier ihr Gewerbe ganz öffentlich, dürfen aber, den Carneval ausgenommen, sich nicht unter die übrigen Einwohner mischen. Da sie nicht ausgehen, illuminiren sie bei Nacht ihre Zimmer dergestalt, daß der Vorübergehende, ohne geblendet zu werden, sie an den Fenstern sitzend, in ihrem vollen Glanze beobachten kann. Die Thüren ihrer Zimmer gehen unmittelbar auf die Straße und sind des Morgens halb geöffnet; die schönen Bewohnerinnen liegen halb entblößt in ihren Betten, zum Schau und Kauf jedes Vorübergehenden.

In Florenz werden die Cicisbeen durch Unterhändler angeworben. Reichen und vornehmen Fremden zeigt man bei ihrer Ankunft die Porträts solcher Damen vor, die sich mit einem Cavaliere servente zu versehen wünschen. —

Der widernatürliche Geschmack in der Liebe ist ein mit Italiens verdorbener Verfassung so wesentlich verbundenes Uebel, daß nur dann seine Ausrottung zu hoffen ist, wenn es einst dem wohlthätigen Genius der Menschheit gefällt, den Grund und Boden, worin er Nahrung und Gedeihen findet, von neuem zu schaffen.

Bologna, Ferrara und einige andere Städte ausgenommen, so ist das schöne Geschlecht von allen Schaubühnen im Kirchenstaat verbannt. Bei diesem Verbot liegt die weise Vorsicht zum Grunde, die Heiligkeit der Eminenzen und Monsignors durch die

Reize der zauberischen Sirenen nicht in Gefahr zu bringen. Aber vielleicht gibt die Furcht vor einem Uebel zu einem weit größeren Gelegenheit, denn der Anblick jener bartlosen Halbmänner, die dem Geschlechte, in dessen Gewand sie erscheienen, an Gestalt und an Stimme ähnlich sind, flößt nicht selten Begierden ein, die die Natur weit mehr entehren. Vorzüglich trifft dieser Vorwurf den Römer und Florentiner und besonders solche Personen, welche die Freuden an Cytherens Altären zum Eckel genossen, oder sie nicht mehr genießen können, oder die sich deßwegen dem verborgenen Dienst des Cupido weihen, weil Stand und Charakter sie zur raffinirten Scheinheiligkeit verdammt. Man treibt diese Brutalität insgeheim, und mehr verlangt die Regierung nicht, die nur darauf denkt, den Schein zu verhüten. Die Monsignoren und Eminenzen geben die Rolle ihres Ganymed einem jungen Abbate, dem sie großmüthigst eine Stelle ganz in der Nähe ihrer Personen verleihen, oder sie finden in dem Umgange der Seminaristen, deren sie nach einer milden Gewohnheit eine gewisse Anzahl auf ihre Kosten unterhalten, die zeitkürzendsten Vergnügungen. —

In den früheren Zeiten einfältiger Zucht mögen die Sitten der Schweizerinnen im Allgemeinen reiner, wenigstens harmloser gewesen sein, als sie es jetzt sind. Besonders ist im Kanton Bern der Kiltgang, eine aus der Vorzeit stammende Sitte, sehr ausgeartet; dieser Kiltgang besteht darin, daß ein Mädchen, sobald es eingesegnet ist, fortan jeden

Sonnabend ihr Zimmer des Nachts offen stehen läßt und den Besuch eines jungen Menschen, eines Liebhabers, mit Vorwissen ihrer Eltern, in ihrem Bette erwartet, was sie „einander fechen“ (probiren) nennen. Zu Kilp, auch Kilt gehen, kilten oder kilpen heißt eigentlich so viel, als nach dem Abendessen Jemanden besuchen. Bei den ersten Besuchen werden schon Freiheiten vom zweiten Range gewagt, ohne daß sich das Mädchen darüber befremdet, vielmehr darin die Versicherung findet, sie sei schön genug, um Begierden einzuflößen. Es gereicht zwar dem Mädchen zur Schande, einen zweiten Jüngling kilten zu lassen, ehe der erste ihrem Umgange entsagt hat; aber sie kann doch in kurzer Zeit mehrere Kilter nach einander annehmen, ohne daß ihr Ruf darunter leidet. Auch bekümmert sich der Liebhaber wenig darum, ob er Vorgänger gehabt, wenn er nur keine Mitbewerber hat. Wird das Mädchen schwanger, so heirathet sie in der Regel der Schwängerer; da sie aber oft nicht weiß, von wem sie schwanger ist, so steht ihr frei, welchen von ihren Besuchern sie als Vater des Kindes angeben will. Das Gesetz zwingt eigentlich nur, das Kind zu ernähren; indeß ist der Schweizer in der Regel zu ehrlich, als daß er das Mädchen sitzen lassen sollte. Im Berner Gebiet gibt es Kirchspiele, wo seit 20, 30 und noch mehreren Jahren kein uneheliches Kind geboren ward; dagegen gestehen selbst ihre Geistlichen, daß unter zwanzig Ehepaaren, die sie trauen, wenigstens dreizehn Bräute sind, die sich in gesegneten Umständen befinden. Auf diese Art scheint es, daß sich die Bauerdirnen fechen lassen, um desto sicherer unter die Haube zu kommen. Und eben darum scheinen auch die Eltern diese Sitte zu billigen. Ein ehrlicher Bauer, erzählt der Oberst von Weiß, beklagte sich gegen ihn über die Beschädigungen seines Baumgartens. Warum haltet ihr keinen Hund, der euch des Nachts weckt? fragte der Oberst. Dann bekommen meine Mädels keine Männer, war die Antwort; ich hatte einen Hund, fügte er hinzu, aber der war so bösartig, daß sich kein Bursch mehr getraute, die Fenster zu ersteigen. Ein anderer angesehener Bauer sagte, um seine Frau zu rühmen, daß zur Zeit, da sie Mädchen gewesen wäre, keine mehr Kilter gehabt hätte, als sie. Der Herr v. Weiß versichert die Wahrheit folgenden Falles: Ein Mann von Stande mußte einer Bergreise wegen in einem der einsamsten Thäler die Nacht zubringen. Er kehrte bei dem ersten Vorgesetzten des Orts, einem reichen und angesehenen Manne, ein. Seine Tochter, kaum den letzten Entwickelungen der Natur entschlüpft, schien dieser alle ihre Reize, ihre Frische und ihre Einfalt geraubt zu haben. Der Fremde verweilte einen Tag und hatte das Vergnügen, einem ländlichen Tanze beizuwohnen. Der Vorzug, den er hier dem schönen Mädchen vor seinen Gespielen gab, wurde mit Wohlgefallen bemerkt. Er führte sie schnell durch alle Stufen von Liebkosungen und fragte zuletzt, ob er in der nächsten Nacht nicht bei ihr wachen dürfe. Nein, sagte sie, eine Verwandte ist bei mir in der

Kammer, aber ich will selbst zu Ihnen kommen. Des Abends leuchtete sie ihm in seine Kammer. — Er glaubte, sie hielte jetzt Wort; aber nein, sagte sie, ich muß erst die Mutter fragen. Nur eine dünne Scheidewand trennte die beiden Kammern. Er hörte das Mädchen, wie es in schmeichelndem Tone in die Mutter drang, die anfangs einige Schwierigkeiten machte, zuletzt aber nachgab. Nicht wahr, Alter, sagte sie zum Vater, der schon im Bette lag, du bist's zufrieden, daß Kathrinli die Nacht bei unserem Gast zubringt? Ja wohl, versetzte der Vater. So geh' denn, sagte die Mutter, sei aber ein braves Mädchen und führe dich auf, wie sich's gebührt. Kathrinli versprach's und — wie der Reisende versichert — hielt Wort.

In einem kürzlich erschienenen Schriftchen wird ein ernstes Freundeswort an christliche Eltern und Hausväter über den Kiltgang im Kanton Bern gesprochen und auf dessen Abschaffung mit allem Eifer gedrungen *). Der Verfasser sagt: „Wer je eine Nacht vom Samstag auf den Sonntag auf einem Dorfe zubrachte, der weiß, welchen abscheulichen Lärm das durch den Kiltgang verursachte Nachtschwärmen anrichtet. Wie tobende Gespenster und böse Geister ziehen die Burschen herum, schreien, jauchzen, lärmen, schlagen mit Stöcken und Prügeln an Häuser und

*) Die Berner Zeitung, der Schweizerfreund, versichert, daß die hohe Regierung ernstlich daran denke, diesem Unwesen abzuhelfen.

Gartenwände und freuen sich, wenn sie mit ihrem Wüstthun ehrliche Leute im Schlafe stören und aufschrecken können rc. — Ist im allerbesten Falle die Ehe die Folge des Kiltganges, so haben sich zwei Menschen auf ihr ganzes Leben aneinander gebunden, nicht weil sie sich liebten, sondern weil sie mußten. Wie oft wird ein solcher Ehestand zum wahren Wehestand! Da heißt es denn: das Kind ist nicht mein; wer weiß, wer Vater dazu ist; du hast mich betrogen, hätt' ich das gewußt, ich hätte dich nicht genommen rc. Darauf wird dann erwidert: du hast mich verführt, hättest du mich bleiben lassen, du hast mich unglücklich gemacht, wer weiß, wo du vorher überall herumgefahren bist. — Aber wie oft bleibt der Bube weg, sobald er merkt, daß das Mädchen schwanger ist, oder er sucht sie mit neuen Vorwänden zu blenden und taget es auf, bis die gesetzliche Zeit verflossen und des Mädchens Klagerecht verloren ist. Und nun ist sie betrogen. Oder sie klagt zur rechten Zeit und der Bursche gesteht die Vaterschaft nicht ein und macht das Mädchen vor dem Ehegericht zu Schanden. Er will nicht Vater zu einem Kinde sein, zu welchem so viele andere ebensogut Vater sein können. Jetzt werden beide im Eid erkannt; die Mutter schwört: der Beklagte und kein Anderer ist Vater meines Kindes, und doch weiß sie das oft gar nicht gewiß, weil sie auch mit andern sich verging. Oder der Beklagte schwört: er sei nicht Vater zum Kinde, und doch weiß er in den allermeisten Fällen recht gut, daß er es ebensogut sein kann, als ein Anderer. — Das Kind wird allemal der Mutter zugesprochen; und wenn Hindernisse die Ehe nicht zulassen, im besten Falle dem Vater ein siebenzehnjähriger Unterhalt von jährlich zwei Dublonen auferlegt. Oft vermag der Bursche das nicht zu bezahlen und der Mutter bleibt nichts übrig, als Schande und Schaden."

„So ist es auf dem Lande, und in den Städten," sagt eben dieser Verfasser, „haben sie auch schlechte Häuser, wo man um's Geld thun und treiben kann, was man will." Berühmt sind die Bäder an der Aar oder den Matten (Wiesen) bei Bern, wo den Badenden die schönsten und reizendsten Mädchen, Schweizerinnen, Deutsche, Französinnen, zur Bedienung zu Gebote stehen — welche nichts zu wünschen übrig lassen.

In unsern deutschen Gauen und Städten herrscht der Hang zur wilden Geschlechtslust, wie wir ihn überall finden. Es gibt keinen Bauern- und adeligen Hof, wo nicht jeder Knecht mit einer der Mägde im vertrautesten Umgang lebte. In den volkreichen Städten verführen die Ehelosen vom Bürger- und Militärstande die Mädchen unter mancherlei Aussichten und Versprechungen oder Geschenken, wodurch sie ihre Putzsucht befriedigen. Am ausgelassensten ist das Geschlechtslaster in katholischen Ländern, wo durch Absolutionen, Wallfahrten, Kasteiungen, Gaben in den Seckel ꝛc. alle Sünden vergeben werden. Es fragte Jemand seinen Landsmann, der eine Campagne in B— gemacht hatte, wie es dort um ein gewisses

Bedürfniß stände. O, antwortete dieser, in B — findest du das größte Hurenhaus von der Welt; da zu A — ist der Eingang und zu E — ist die Hinterthüre. Wenn gleich diese Anekdote von einem Gascogner herzurühren scheint, so ist es doch sicher keine Gasconnade, wie ich aus den mündlichen Berichten vieler Reisenden weiß.

Die meisten Wiener Frauen sind wie ihre übrigen Landsmänninnen so mitleidige und willfährige Wesen, daß sie ihre Liebhaber nicht lange schmachten lassen können. Ueberhaupt ist ihnen mit Anbetung nicht gedient. Sie sind für die Liebe à la grenadier, achten weder heiße Thränen noch schmachtende Seufzer, weder zärtliche Verse noch schalkhafte Bonmots, noch irgend etwas von der feinen Belagerungskunst, sondern lieben das Sturmlaufen und Breschescießen. Es ist nichts Seltenes in Wien, daß Damen aus dem Fenster Vorübergehende, besonders Fremde, die ihren Erwartungen zu entsprechen scheinen, zu sich heraufwinken. Bei einer solchen Aufforderung, erzählt ein Reisender, entstand der heftigste Zank zwischen Mutter und Tochter, welchen der Fremde nicht anders beilegen konnte, als daß er beide bediente und dabei der Mama den Vorzug einräumte. Das Maitressenhalten ist in Wien, München, Augsburg, Passau, Regensburg allgemein. Besonders gehört es in Wien zum Ton der großen Welt, von seiner hier sogenannten Soutenue ebenso zu sprechen, wie von seinen Pferden, und die Mädchen halten es für sehr ehrenvoll, einen Souteneur zu haben und auf einem vornehmen Fuß soutenirt zu werden. Dagegen wissen sich die Weiber doppelt zu entschädigen, denn ihre Männer sind die geduldigsten Geschöpfe auf der Erde. Der ehrwürdige Orden der Prälaten, Prioren, Mönche und das noch zahlreichere Corps der Offiziere wetteifern überall in ihren Siegen. Gewöhnlich hat der den Vorzug, der den Commandanten der Festung im Fall der Noth mit einer schweren Hand bestechen kann. „Ein goldner Regen schmelzt der Keuschheit Alpenschnee.“

Oeffentliche Buhlerinnen werden in Wien nur geduldet. Aber ihre Zahl heißt Legion. Die von der ersten Klasse, welches meist Fremde sind, machen Aufwand. Sie wohnen auf einem vornehmen Fuß, halten Bediente, ahmen in ihrer Kleidung den feinen Geschmack der Wiener nach und besuchen zu Wagen die öffentlichen Vergnügungsörter. Es bedarf keines besonderen Scharfblicks, um gewahr zu werden, daß selbst diese erste Klasse weiter nichts als glänzend maskirter Pöbel ist. Und auf einer gleichen Bildungsstufe stehen sie, mit wenig Unterschied, in ganz Deutschland, in Köln, Mainz, Bornheim bei Frankfurt a. M., Hamburg, Leipzig, Dresden, Berlin, Breslau, Königsberg u. s. w. Dem Deutschen genügt Schönheit und Jugend, und wo diese vereint sind, da übersieht er gern das Schöne des Geistes. Indeß findet man überall unter allen Klassen Unglückliche, die Anlagen genug haben, um eines bessern Looses werth zu sein.

Wir können den meisten dieser Unglücklichen unser Bedauern nicht versagen und müssen vielmehr unser eigenes Geschlecht anklagen, das in der Regel der verführende Theil ist. Im männlichen Geschlechte wohnt mehr eine selbst entstehende Erregung, im weiblichen mehr die Erregbarkeit. Daher kommt es auch, daß der Begattungstrieb sich im Manne, ohne weitere Veranlassung von außen, anmelden kann, da im Gegentheil das Weib, in der Regel, erst einer Anregung bedarf, und wenn diese nicht da ist, weniger von Neigungen zur Sinnlichkeit überreizt wird, auch die Entbehrung des Beischlafs, beide Geschlechter im unverdorbenen Zustande gedacht, gar nicht so fühlt, wie unser Geschlecht. Ist dies durch die Erfahrung bewährt, so wird der Einwand schon im Voraus widerlegt, daß das weibliche Geschlecht ursprünglich der Sinnlichkeit ebensowohl nachgehe, als das männliche. Allerdings, wenn es von männlicher Seite angeregt wird, sonst gewiß weniger, denn selbst die unglücklichen Geschöpfe, die sich eines Jeden Umarmung hingeben, suchen dabei weniger den Genuß der Wollust, als Befriedigung eines Hanges zur Eitelkeit und zum Müssiggang, oder Bestreitung ihres ökonomischen Bedürfnisses.

Es ist ferner unterscheidend, und zum Lobe des weiblichen Geschlechts sei es gesagt, daß sich bei diesem mehr oder minder ein Grad von Anhänglichkeit vorfinden muß, wenn ihm der Beischlaf zum Genuß werden soll, und sogar bei den verworfensten Klassen und in den gemeinsten Bordellen hat sich diese Bemerkung bestätigt gefunden; dahingegen der größere Theil des diesen Vergnügungen nachhängenden männlichen Geschlechts jener Zugabe nicht allein entbehren kann, sondern auch die Abwechslung des außerehelichen Umgangs sehr anziehend findet.

Hieraus folgt, daß die Männer in hundert Fällen neunundneunzigmal den Mädchen den ersten und stärksten Anlaß zum Verluste ihrer Keuschheit geben. Ist nun einmal das Bedürfniß in ihr geweckt, das früher in ihr schlummerte, hat sie vielleicht auch der Fehltritt von den Verhältnissen auf immer getrennt, in denen sie früher lebte, und gebietet ihr nun die Noth, ihr Gewissen zu beschwichtigen und die Zukunft vor ihren Augen zu verdunkeln, so ist es um sie geschehen: sie macht aus der Lust einen Beruf, und so geht es dann, wie der erfahrne Valentin in Goethe's Faust sagt:

Du fingst mit Einem heimlich an,
Bald kamen ihrer Mehre dran;
Und wenn Dich erst ein Dutzend hat,
So hat Dich auch die ganze Stadt!

Was kann der Staat thun, um der regellosen Befriedigung der Geschlechtslust und ihren üblen Folgen für die Gesellschaft zu steuern?

In dem vorangegangenen geschichtlichen Gemälde der Geschlechtsausschweifungen liegen die Beweise vor, daß dieselben nicht das Gebrechen Eines Zeitalters, nicht Eines Volkes, sondern des Menschengeschlechtes unter allen Himmelsstrichen waren und bis auf den heutigen Tag sind.

Die Natur mußte den Geschlechtstrieb, als Fortpflanzungstrieb, mit überwältigenden Sinnenreizen ausstatten, wenn sie ihren Zweck erreichen wollte; sie mußte aber dem Menschen, als freiem, sittlichen Wesen, überlassen, ob er diesem Trieb nur als Thier nachhängen, oder ihn als Vernunftwesen gebrauchen und befriedigen wollte. In dieses Freiheitsgebiet des Menschen kann der Staat nicht eingreifen, ohne sogleich die Grenzen seiner Gewalt zu fühlen. Was auch aus älteren und neueren Gesetzgebungen als Strafen, Bußen, Keuschheitskommissionen &c. gebietend hervorgegangen ist, waren mißlungene, längst vergessene Versuche.

Aber dem Staate muß daran gelegen sein, durch die Fortpflanzung ein kräftiges Geschlecht zu erzielen. Unzucht hindert, wo nicht alle, doch die bessere Fortpflanzung. Sie erniedrigt den Menschen und würdigt die eine Hälfte des Geschlechts zu bloßen Werkzeugen herab. Die Schädlichkeit der Unzucht ist also gewiß; daher darf es dem Staate nicht gleichgültig sein, sie unter seinen Bürgern eingerissen zu sehen. Welche Schranken soll er hier setzen? Das ist die große Frage, über deren Lösung unsere Gesetzgeber bis auf den heutigen Tag sich noch nicht geeinigt haben.

Der Staat soll der Unzucht, sowie überhaupt dem Laster durchaus keine Publicität verstatten. Was heimlich geschieht und keine Beleidigung eines Andern enthält, geht ihn nichts an. Sobald es aber öffentlich als Laster erscheint, muß er sich seinen Ausbrüchen widersetzen. Gegen diese Grundsätze läßt sich in Beziehung auf Unzucht nichts einwenden.

Hier drängt sich die Frage auf: Wie verträgt sich mit diesem Grundsatze die Duldung der Bordelle? Im Allgemeinen und unbedingt ist die Frage schwer zu entscheiden. Denn, wenn es gleich unter der Würde des Staates ist, Bordelle mit Lösung von Patenten oder Gewerbescheinen anzuerkennen und zu bestätigen, weil der Staat nie etwas, was gegen die Sittlichkeit geradezu verstößt, öffentlich anerkennen darf: so haben doch diejenigen, welche die Duldung der Bordelle unter polizeilicher Aufsicht verstatten, das für sich, daß dadurch die nachtheiligen Folgen der unregelmäßigen Befriedigung für die Gesundheit und selbst für die Sicherheit der Personen zum Theil vermindert werden. Doch ist unverkennbar selbst diese Duldung eine der wichtigsten Schattenseiten des öffentlichen Staatslebens, weil durch sie die Schamhaftigkeit auf mannigfache Art vernichtet, der Jugend eine bleibende Anreizung zu Befriedigung sinnlicher Lüste dargeboten, die Verbreitung des venerischen Giftes nicht wesentlich verhindert, und selbst nicht selten das Band der Ehe erschüttert wird.

Beleuchten wir ein wenig die Gründe, welche man gewöhnlich für die Bordelle hört:

1. „Der Staat muß dafür sorgen, daß kein Gewerbe getrieben wird, was der Gesundheit seiner Bürger schädlich werden kann. Die Winkelhurerei verbreitet die venerische Ansteckung, und diese wird um so gefährlicher, je mehr sie im Finstern mitgetheilt wird. Der Staat muß unter zwei Uebeln das kleinere zulassen und das größere unterdrücken. Er muß daher die Winkelhurerei ausrotten, dagegen öffentliche Bordelle gestatten und über den Gesundheitszustand ihrer Bewohnerinnen die strengste Aufsicht anordnen."

Hiernach hätte der Staat sein Verfahren gegen die Lustdirnen und deren Gebrauch bloß auf medicinisch-polizeiliche Maßregeln zu beschränken. Versorgte er die Wollüstlinge nur immer mit frischer und gesunder Waare, sowie er seine Märkte mit gesunden und unschädlichen Lebensmitteln zu versorgen sucht, so hätte er seine Pflicht gethan. Aber ist denn in den Bordellen Sicherheit vor Ansteckung? Wer das behauptet, der besuche nur die Stationen der venerisch Kranken in den Spitälern großer Städte und er wird belehrt werden, daß die Ansteckung nicht nur in den Bordellen einheimisch ist, sondern auch neben denselben fortwährend sich verbreitet. Bordelle sind also keine Schutzwehr gegen Winkelhurerei und ihre gefährlichen Folgen. Und wenn öffentliche Bordelle wirklich vor Ansteckung sicherten, ist es denn das Venusgift allein, was hier die Gesundheit zerstören kann?

2. „In großen, volkreichen Städten gibt es viele junge Männer, die nicht heirathen, weil sie eine Frau nicht ernähren können; und doch fordert die Natur ihre Rechte.“

Zugegeben; aber gibt es auch nicht eine goßer Anzahl junger Männer, die mit Buhldirnen mehr verschwenden, als sie die Unterhaltung einer Frau kosten würde? Sind daher nicht gerade die Bordelle die Ursache, daß so viele junge Männer nicht heirathen und ebensoviele Mädchen unbemannt und der Verführung um so leichter ausgesetzt bleiben?

3. „Ohne Bordelle würde die Verführung der Mädchen und Ehefrauen überhandnehmen.“

Sollte nicht gerade aus dem Dasein der Bordelle die größere Gefahr der Verführung gefolgert werden können? Bordelle sind die Gelegenheiten, daß der Jüngling die bloß thierische Liebe früher als die edlere kennen lernt, daß er, wenn er lange genug mit Buhlerinnen ausgeschweift und gewechselt hat, oft von Eckel gegen die Gemeinheit überfallen und nach feineren Genüssen lüstern wird; bei unschuldigen Mädchen und Frauen sucht er nun das mit Kunst zu erhalten, was ihm dort für Geld zu Gebote steht. Er scheut sich nicht und versucht seinen dreisten, an Schamlosigkeit grenzenden Umgang auch bei diesen geltend zu machen, und gelingt ihm auch seine Absicht nicht, hat er nicht schon genug verdorben, durch seine versteckten Angriffe das magische Spiel der Phantasie in dem noch unschuldigen Herzen rege gemacht zu haben? Ein Jüngling, der jenen frechen Umgang mit Buhlerinnen nicht kennt, wird immer gegen das ehrbare Frauenzimmer zurückhaltend, ehrerbietig und schonend sein, und es ist unmöglich, Charakter und Neigung mögen sein, wie sie wollen, daß ihn bei seiner ersten Bekanntschaft mit unverdorbenen Frauenzimmern der bloß thierische Trieb der Liebe ausschließend beschäftige. Hiernach scheinen Bordelle selbst bei dem üppigsten Volke durchaus kein Mittel zu sein, die Ehen und die Unschuld unverletzt zu erhalten, vielmehr gerade eine Gelegenheit, die Scheu der Angriffe auf weibliche Tugend bei rohen und verfeinerten Wollüstlingen gänzlich zu vernichten. —

So könnte man die meisten Gründe für die Bordelle bekämpfen und ihren Vertheidigern den Krieg in ihr eigenes Land spielen.

„Aber was hilft Euch eure Declamation gegen ein Uebel, das ihr nicht ausrotten könnet, gegen einen Trieb, den Euch die Natur angeboren hat und der in euren bürgerlichen Verhältnissen durch eure verdorbenen Sitten ausartet? Wollt Ihr diesen Trieb etwa bloß auf die Ehe einschränken, so kennt ihr die Natur des Menschen so wenig, als unsere bürgerlichen Verhältnisse." So nehmen unsere Gesetzgeber das Wort und sagen ferner: „Ihr werdet die Buhldirnen in großen Städten nicht ausrotten, ihr möget sie unter besondere Aufsicht nehmen, oder sie heimlich und ohne Billigung des Staates ihr Gewerbe treiben lassen. Schaffet und erziehet uns erst andere Menschen, wenn ihr andere Gesetze für sie haben wollt. Wir müssen sie nehmen, wie sie sind, und nicht, wie sie sein sollen. Wir wissen recht gut, woran es liegt, daß es unmöglich ist, in großen Städten die groben Ausschweifungen der niedrigen Wollust und die Schlupfwinkel, worin sie sich verbirgt, auszurotten. Wir können die Quellen nicht verstopfen; unsere bürgerliche Gesellschaft ist keine moralische Bildungsanstalt. Wir müssen unendlich viele Uebel, die aus der bürgerlichen Gesellschaft hervorgehen, dulden, weil wir sie nicht vertilgen können: wir können nur über ihre Ausbrüche wachen und sie so unschädlich als möglich machen. Mit einem Wort, wir können das Gewerbe feiler Dirnen nicht mit Strafbefehlen verfolgen, wir müssen es vielmehr unter unsere Aufsicht nehmen, es zulassen, ohne demselben den Stempel unserer Billigung aufzudrücken. Wie diese Aufsicht zweckmäßig anzuordnen und die Zulassung, ohne Aufsehen zu erregen, auszuführen ist, das muß der Staats- und örtlichen Polizei überlassen bleiben. Daß es unsern Staatskünstlern mit allen Verbesserungen des bürgerlichen Vereins und der bürgerlichen

Verhältnisse je gelingen wird, alles moralische Uebel aus dem gesellschaftlichen Zustande zu verbannen, sind Träume, die ins Jahr 2440 gehören. Nur Verminderung, die möglichste Verminderung des Uebels sei das Ziel, wornach wir streben."

Wer wollte nicht diese auf den gegenwärtigen sittlichen Zustand der größeren Volksmasse in allen europäischen Staaten gegründeten Ansichten theilen? — Ist es nun schlechterdings unausführbar, das Gewerbe feiler Lustdirnen mit gutem Erfolg für das gemeine Wohl auszurotten, so kommt es nun auf die Frage an: Unter welchen Beschränkungen darf dies nothwendige Uebel geduldet werden, wenn es so wenig als möglich schädlich werden soll?

Hierüber haben sich in der neuesten Zeit mehrere Stimmen vernehmen lassen. Merbach (über die Zulässigkeit und Einrichtung der öffentlichen Hurenhäuser in großen Städten) theilt die Dienerinnen der gemeinen Wollust in drei Klassen: die erste gibt sich bald dem einen, bald dem andern Manne aus unersättlicher Begierde hin; die andere ist mit ihren Gunstbezeugungen verschwenderisch, um dadurch Mittel zu finden, ihrer Eitelkeit und Sucht zu rauschenden Vergnügungen zu fröhnen; die letzte und niedrigste Klasse macht es zum Gewerbe für den täglichen Unterhalt. Die beiden ersten kommen darin überein, daß sie dem Manne ihre höchsten Gunstbezeugungen als einen bloßen Genuß zur Befriedigung eines Sinnenkitzels oder zugleich zur Erreichung anderer

Zwecke und nicht als Bedingung eines moralischen Verhältnisses gestatten. Die letztere Art geht in ihrer Erniedrigung noch eine Stufe tiefer, indem sie sich nicht für ihren eigenen, sondern bloß für den Sinnenkitzel des Mannes preisgibt; sie gebraucht ihren Körper zum feilen Werkzeuge des Geldgewinnes, während sie selbst für den Reiz nicht mehr Sinn hat. So lange die beiden ersten Klassen nicht etwa der Justiz als Ehebrecherinnen oder der Polizei als Verbreiterinnen venerischer Ansteckung in die Hände fallen, ist ihr Umgang mit Mannspersonen eine gleichgültige Sache, die nach außen keine Wirkungen hat. Der Staat nimmt davon so wenig Kenntniß, als von andern unmoralischen Handlungen, die nicht in bürgerliche Verbrechen übergehen. Gibt aber das Betragen von dergleichen Buhldirnen Anlaß zum öffentlichen Aergerniß, so wird sie die Sittenpolizei in die gebührenden Schranken, bei Wiederholungen aber in Besserungsanstalten weisen.

Ganz anders, meint Herr Merbach, verhält es sich mit der dritten Klasse, die sich jedem Kommenden überlassen und sowohl wegen ihrer Schamlosigkeit, als der täglichen Wahrscheinlichkeit, daß sie angesteckt sind, der Gesellschaft gefährlich werden. Das Dasein dieser verworfenen Klasse soll der Staat nicht ignoriren; er soll sie zuvörderst in ein Zwangsarbeitshaus, das keineswegs zuchthausmäßig eingerichtet sein darf, schicken, um sie zur Arbeit zu gewöhnen und ihnen den Vorzug eines thätigen Lebens vor einem müßigen, wollüstigen fühlbar zu machen. Zeigen sie Spuren der Besserung, so müssen sie entlassen und unter polizeiliche Aufsicht gesetzt werden. Fallen sie von Neuem in ihre alte Lebensweise, so werden sie zum zweiten, dritten und mit jedem Male auf längere Zeit, auch unter strengerer Zucht in das Arbeitshaus eingesperrt. Sind alle diese Versuche fruchtlos und zeigen sich deutliche Spuren der Unverbesserlichkeit, dann erst gehört die Dirne in's Hurenhaus.

Dieses Hurenhaus soll für die der Wollust nachhängenden Dirnen nicht ein reizender Zufluchtsort, sondern der Pranger ihrer Schande, der Ort sein, wohin die bürgerliche Gesellschaft, an ihrer Moralität verzweifelnd, sie hinausstößt und verläßt. Die Hurenhäuser dieser Art müssen daher eigentliche öffentliche Polizei-Institute, nicht Privatwirthschaften sein. Sie müssen an abgelegenen Orten der Städte angebracht, aber als solche signalisirt und kenntlich sein, auch von Niemanden weiter als von Huren bewohnt werden. Die Aufsicht darüber muß Personen übertragen werden, welche in Pflicht und Sold der Polizei stehen; diese müssen darüber wachen, daß die öffentlichen Dirnen kein öffentliches Aergerniß geben, bei Nacht nicht ausgehen; es muß ihnen eine eigene Zuchtgewalt über sie übertragen werden. Sie müssen unter steter ärztlicher Aufsicht stehen und jeden Morgen untersucht werden, um die Angesteckten sogleich abzusondern und zu kuriren. Bei einer solchen Anstalt wird der medicinische Zweck der Polizei erreicht; sie wird auch den Staat ehren, indem sie seine Achtung für Tugend ausspricht, und zugleich den guten Erfolg haben, daß die Frivolität der Männer größtentheils gemindert werden wird. — Mancher junge Mann würde sich hüten, Freudenhäuser zu besuchen, wenn nicht die Verheimlichung der letzteren seine Verirrungen, seine Schwäche dem Auge des Publikums verdeckten und die Nähe der in den besuchtesten Straßen der Städte zerstreuten Privat-Bordelle dem augenblicklichen Aufwachen der Lust bequeme Gelegenheit zur Befriedigung darböte. In ein solches, Jedermann kenntliches, für Jedermann offenes Hurenhaus zu gehen, wird zur öffentlichen Schande werden; bloß der schamlose Wollüstling und der gemeine Pöbel wird sich darüber wegsetzen, dort gesehen zu werden. — Gibt eine oder die andere im Hurenhause Befindliche Zeichen der moralischen Besserung und den Wunsch zu erkennen, ihren Lebenswandel zu ändern, so muß man Orte wissen, wo sie unter strenger, jedoch menschenfreundlicher, weiblicher Aufsicht und Behandlung stehen und leben kann. Für diejenigen Geschöpfe aber, welche, ohne diesen Wunsch laut werden zu lassen, so lange im Hurenhause verbleiben, bis sie physisch unfähig werden, der Wollust länger zu dienen, kann es aus dem Hurenhause keinen andern Weg geben, als den in's Zuchthaus zu leidlicher, aber bleibender Detention. Sie ihrer Freiheit zu überlassen, würde für sie selbst keine Wohlthat sein, weil sie, an Arbeit nicht gewöhnt, sich nicht davon erhalten, sondern entweder im Elend umkommen oder betteln müßten; für die Gesellschaft und die Polizei wäre ihre Freiheit hingegen von größter Gefahr. Denn, begehen dergleichen abgelebte Dirnen nicht andere Verbrechen, so können sie doch dem für sie unwiderstehlichen Hange und der Verworfenheit nicht entgehen, andere zu verführen; sie werden die abgefeimtesten Kupplerinnen, vor denen keine Unschuld sicher ist. Sie müssen also aus der Gesellschaft verbannt werden, denn sie haben sich ihrer unwürdig gemacht.

Nach diesem Vorschlage soll der Staat Hurenhäuser als Strafanstalten unterhalten! Ein sonderbarer Ausweg, worüber jeder Verständige lächeln muß. Hieße das nicht den Krebs in's Wasser werfen? Anstatt die grobe Ausschweifung zu verhüten, würde sie nur noch mehr befördert werden. Helfen bei diesen Dirnen die vorgeschlagenen ersten Besserungsmittel nicht, so gehören sie nicht in das Hurenhaus, sondern sofort in das Zwangsarbeits- und Zuchthaus. Sie aber erst in das Hurenhaus verweisen, sie hier einem lasterhaften Leben ohne Scheu und Scham überlassen wollen, bis sie physisch und moralisch zur tiefsten Verworfenheit versunken sind, das heißt doch wohl den Menschen planmäßig zum Thier erniedrigen und das Höhere und Heiligere im bürgerlichen Wesen gänzlich aus dem Auge verlieren.

Andere Vorschläge werden in der kleinen Schrift: Ideen über die Frage, ob Freudenmädchen vom Staate zu dulden sind? abgegeben. Der ungenannte Verfasser geht von dem Satze aus, daß zwar die gänzliche Abschaffung der Freudenmädchen durchaus noch nicht zu gestatten, daß dagegen aber alle dritte Personen, die das Gewerbe der Freudenmädchen nicht unmittelbar und persönlich selbst treiben, unnöthig sind, und daß daher alle öffentlichen Bordelle, alle öffentliche und geheime Kuppelei und Gelegenheitsmacherei durchaus nicht geduldet, und überall, wo letztere sich fände, schärfer wie bisher bestraft werden müsse. Er sagt: Bordelle wirken in ihrem Innern auf grenzenloses Sittenverderbniß hin, und zwar auf die Freudenmädchen selbst und auf die Besuchenden.

„Offenbar ist der stete und rege Verkehr der Bordellmädchen unter sich ein Grund der immer zunehmenden Verworfenheit; denn die Eine wird nicht nur durch die Andere in einem Zustand von Nebenbuhlerei für ihre Kunst vervollkommnet und durch die größere Anlage der Andern auf einen Punkt getrieben, den sie alleinstehend nicht erreicht haben würde; sondern sie geräth auch durch die häufigen Gelegenheiten und gewissermaßen nothwendig werdende Anstrengung, mittelst größern Putzes sich auszuzeichnen, zu bedeutenden Ausgaben, und die Entrichtung eines großen Theils ihres Gewinnes an den Bordellbesitzer stürzt sie sodann in eine Armuth, die es ihr, selbst bei bessern Anregungen, unmöglich macht, ihre Lasterbahn zu verlassen."

„Diejenigen aber, die solche Häuser zu besuchen pflegen, finden darin auch andere Verführungen, als die der bloßen Geschlechtsbefriedigung. Es wird getrunken, getanzt, gespielt, alles mit mehr Ausgelassenheit, als anderswo; denn es ist nun einmal Vorsatz geworden, Orgien zu feiern. Die Polizei wird dabei nach Möglichkeit hintergangen und die Kräfte der Jugend werden natürlich durch diese Begleiter der Wollust ungleich mehr aufgezehrt, als durch bloßen, in den Grenzen der Natur bleibenden Frauengenuß. Außerdem erfordert ein solcher Besuch eine Börse, wie sie junge Leute selten zu haben pflegen, und sie machen Schulden oder verfallen gar auf Prellereien, Betrug und Diebstahl."

Von der geheimen Kuppelei wird angeführt, „daß so manches Mädchen nur die Folgen ihres ersten Fehltritts getragen haben würde, wenn sie nicht von Kupplerinnen ausgespäht und in den Abgrund des Verderbens geführt worden wäre. Andere geriethen rein und unschuldig in ihre Hände; heilloser Betrug und alle Verführungskünste werden angewendet, um das unglückliche Opfer der Wollust preiszugeben. Nicht zufrieden mit dieser Ausbeute, wagen es diese Gelegenheitsmacherinnen, leichtsinnige und lüsterne Ehefrauen zur Untreue zu verleiten. Größere Städte liefern hierüber zahlreiche Belege. Töchter und Frauen selbst angesehener Häuser werden durch sie zu Lustdirnen entwürdigt. Wer auf diese Weise Leib und Seele Anderer in's Verderben stürzt, sollte aus der menschlichen Gesellschaft für immer verbannt werden, denn kein Motiv menschlicher Leidenschaft und Schwäche kommt einem solchen Verbrecher zu statten."

Der Verfasser dringt ferner darauf, daß alle Winkel- und Straßenhurerei durch größere polizeiliche Wachsamkeit unterdrückt und wo sie sich betreffen lasse, an beiden Geschlechtern hart geahndet werde. Er leitet nun seine Vorschläge unter folgenden Ansichten ein:

Obgleich das Sittengesetz durch den Gebrauch einer Person beleidigt wird, die nur auf Erwerb ausgeht und nur das bloß Thierische zum Genusse darbietet, so ist dennoch diese Handlung großer Abstufungen fähig. Offenbar ist der Mann, der aus Achtung für Scham und Sittlichkeit unter dem Schleier der Verborgenheit seine Sinne befriedigt, nicht so sehr zu tadeln, als der Wüstling, der in wilder Gesellschaft, halb trunken, den Becher der Lust nicht schlürft, sondern gleichsam auf den Boden schüttet. Nichts hat die Jugend so verwildert, als gerade diese Schamlosigkeit in ihren Genüssen, und nichts befördert diese Schamlosigkeit bei Männern und Frauen mehr, als der gesellschaftliche Genuß. Es ist eine feststehende Erfahrung, daß der Mensch, in Masse oder in Gesellschaft zur Leidenschaft erregt, ungleich weiter fortgerissen wird, denn die Wechselwirkung steigert die Leidenschaftlichkeit, und das sonst gutmüthige Individuum in dem Zustande des Alleinseins nimmt leicht den Charakter der Brutalität einer gährenden Menge an, in die er geräth.

Auch bei den Genüssen der Wollust verhält es sich also. Wer wollte sich bei Darstellung der viehischen Scenen aufhalten wollen, welche eine im Bordell trunken gewordene Gesellschaft zur Schau trägt? welchen Eckel erregt nicht die bedeutende Registratur solcher Aktenstücke, worin die Polizei, durch begangene Excesse im Strudel dieser schmutzigen Freudenzirkel bewogen, zur Feststellung der empörendsten Thatsachen schreiten mußte?

Um diese Schattenseite unseres Staatslebens in einen tiefern Hintergrund zu stellen, meint der Ungenannte, würden folgende Vorschläge Berücksichtigung verdienen:

1. Die im Staate lebenden Freudenmädchen dürfen nicht mehr in Bordellen sich aufhalten, und dadurch gewissermaßen zünftig, sondern nur geduldet werden. Hiernach hört das Gewerbe der privilegirten Kuppelei ganz auf.
2. Jedes Freudenmädchen lebt streng abgesondert, nicht einmal in demselben Hause mit einem andern, für sich allein.
3. Es ist ihm nicht erlaubt, Männergesellschaften bei sich zu haben, Trinkgelage oder Tanz zu veranstalten und den Besuch anderer Mädchen, zur Ausübung ihres Gewerbes, in seiner Wohnung zu gestatten.
4. Es muß daher der Buhldirne unter allen Umständen untersagt werden, behufs ihres Gewerbes, mehr als einem Manne zugleich den Eintritt in ihre Wohnung zu erlauben. Durch diese Beschränkung des Einzelnen bei der Einzelnen müssen diese Besuche einen minder schädlichen Charakter annehmen.
5. Bei der Bestimmung ihrer Wohnung mischt sich die Polizei keineswegs in die Anweisung besonderer

Stadtbezirke, indem dadurch die Annäherung und Vergesellschaftung dieser Mädchenklasse befördert wird, und die möglichste Vertheilung durch alle Gegenden der Stadt nicht mehr anstößig sein kann, sobald auf vorstehende, von 1 bis 4 aufgeführten Punkte gehalten wird.

6. Alle Abgaben für den Betrieb des Hurengewerbes müssen aufhören, noch weniger darf eine Klassification dieser Abgaben stattfinden.
7. Es darf auch keine bestimmte Taxe des Hurenlohns angeordnet werden; es muß vielmehr der Hure überlassen bleiben, sich darüber mit dem Besucher zu einigen.
8. Da indessen jeder Einwohner im Staate zu den Staatsausgaben beitragen muß, so mag diese Klasse eine billige und verhältnißmäßige Wohnungssteuer entrichten.
9. Kein Freudenmädchen darf öffentliche Schauspiele, Concerte und dergl. besuchen.
10. Ebensowenig zur Abendzeit die öffentlichen Spaziergänge.
11. Es darf ohne Vorwissen und Genehmigung der Polizeibehörde keine Nacht außer dem Hause zubringen.
12. Jedes Freudenmädchen darf ihr Gewerbe nur in ihrer Wohnung treiben und muß sich
13. als solches bei der Polizei melden, wenn es nicht als Straßenhure bestraft werden will.
14. Jedes Freudenmädchen muß von Zeit zu Zeit sich durch beglaubigte ärztliche Atteste über seinen Gesundheitszustand ausweisen.

15. Es wird im Falle einer Ansteckung, in Ermanglung eigener Mittel, gleich jedem andern unbemittelten Staatseinwohner, in einem Krankeninstitute geheilt.

16. Es verfällt deßhalb in keine Strafe, weil dies die Entdeckung von ihrer Seite verhindern würde.

17. Hat es aber Kenntniß von der Ansteckung und begeht dennoch den Beischlaf, so wird es bei erfolgter Ausmittelung hart bestraft.

18. Es ist daher schuldig, vor dem Beischlafe sich von dem Gesundheitszustande des Besuchenden genau zu unterrichten und die dazu erforderlichen Kenntnisse, die leicht zu erwerben sein müssen, zu erlangen zu suchen. Dies würde am besten dadurch geschehen, daß jedem Mädchen, das sich zum Hurengewerbe bei der Polizei meldet, ein schriftlicher, genauer ärztlicher Unterricht über die Kennzeichen eines venerisch kranken Mannes eingehändigt würde.

19. Findet sich, daß der Besuchende angesteckt ist, so ist das Freudenmädchen nicht allein befugt, sondern auch verpflichtet, ihn arretiren zu lassen, oder bei persönlicher Kenntniß ihn der Polizei anzuzeigen. Diese Maßregel ist nicht zu hart, wenn man erwägt, welcher Grad von Nichtswürdigkeit dazu gehört, wissentlich das venerische Gift weiter zu verbreiten, und daß die Gesetzgebung Vergehungen von bei weitem geringerem schädlichem Einflusse auf das Gemeinwohl ahndet.

20. Jedes Mädchen, daß sich dem Hurengewerbe übergibt, muß nach bürgerlichem Rechte über seine Person verfügen können.

Man kann nicht leugnen, das in allen diesen Vorschlägen ein guter Geist waltet; aber wie die besten, nach allen Beziehungen erwogenen Gesetze in der Ausführung nicht ohne Mangelhaftigkeit erscheinen, so würde es auch hier der Fall sein, und wir würden auch hier, wie überall, an die Unvollkommenheit menschlicher Anstalten erinnert werden. Die Abschaffung der öffentlichen Bordelle und ihre Verwandlung in einzelne, abgesonderte Wohnungen hat allerdings viel für sich; denn erstens, hat ein Mädchen auch innere Anlagen zu einer müßigen, bequemen und wollüstigen Lebensart, so wird sie noch immer den letzten Rest von Scham und Scheu zu bekämpfen haben, ehe sie sich öffentlich zu einem Gewerbe bekennt, das sie von allem Umgange mit ehrliebenden Menschen ausschließt und ihr nur die Aussicht in eine schreckenvolle Zukunft öffnet. Zweitens muß ein Mädchen schon gute Kunden haben, wenn sie sich eine eigene Wohnung miethen und auf ihre eigene Hand leben will; denn in der Regel wird der Miethzins bei diesen Personen höher als bei andern gesteigert; sowie demselben in jenem Falle innere Hindernisse in den Weg gelegt werden, so würden es in diesem äußere sein, welche sie vom letzten Schritte in's Verderben zurückhalten.

Dagegen scheint auf der andern Seite diese Maßregel die feinere Buhlerei nur noch mehr zu begünstigen und für die gröbere unzulänglich zu sein. Ist es jetzt schon minder anstößig, ein anständiges Mädchen in ihrer Wohnung zu besuchen, als in ein öffentliches Hurenhaus zu gehen, und wirft das stille Freudenleben dem Laster einen desto reizenderen Schleier um, so wird für das Bessere wenig gewonnen werden. Besonders aber ist von dem Umherwohnen dieser Dirnen unter ehrbaren Familien eine nicht zu berechnende moralische Ansteckung zu fürchten. Wer kann es dem Wirth eines Hauses wehren, durch Aufnahme solcher Personen seine Miethseinnahme zu verbessern? Und nun die tägliche Controle dieser ohne alle häusliche Aufsicht lebenden Mädchen in Ansehung ihres Gesundheitszustandes; würden sie von den öffentlichen Aerzten so pflichtmäßig beobachtet werden, als es nothwendig ist? Hauptsächlich ist zu bemerken, daß diese Maßregeln nur für die höheren Volksklassen berechnet, für die niederen nicht geeignet, mithin im Allgemeinen unzulänglich sind. Man denke nur an die Ehelosen in der großen untern Volksmasse, an die gemeinen Soldaten, Handwerker, Bedienten &c. in großen Städten, die Befriedigung suchen, weil sie ihren Naturtrieb nicht bändigen können oder wollen. Bei allen diesen würden jene einzeln wohnenden Mädchen ihre Rechnung nicht finden, und es würde nicht viel fehlen, die ganze Stadt zu Einem Hurenhause zu machen. Und denkt man sich nun gar die Bemannung eines Schiffes nach mehrmonatlicher Fahrt an's Land steigen, mit welcher Wuth sucht hier der Matrose Befriedigung! Fast öffentlich und mit thierischer Schamlosigkeit ergreift er jedes weibliche Wesen, das ihm den Weg tritt, und die Polizei der Hafen- und Seestädte hat es für nöthig gefunden, beinahe noch auf dem Strande selbst ihnen die Mittel der Befriedigung in die Arme zu liefern. —

So scheint also mit allen Verschleierungen einer partie honteuse in unserem Staatsleben nicht viel ausgerichtet zu werden und am gerathensten zu sein, es bei dem Bestehenden zu lassen, an diesem aber nicht aufhören, zu bessern, und von ihm immer mehr Uebel zu entfernen. Wie das Bestehende beschaffen ist, werden die Leser aus Folgendem erfahren.

Organisirung der Bordelle in alten und neuen Zeiten.

Die Gesetzgeber aller Zeiten sind immer der Meinung gewesen, daß das, was öffentlich geschehe, nicht so nachtheilig sei, als das, was im Verborgenen nicht beaufsichtigt werden könnte. So erlaubte Lykurg den öffentlichen Diebstahl, um den geheimen auszurotten; so weihte Solon der paphischen Göttin öffentliche Tempel, um den geheimen Angriffen auf die Tugend der Frauen und Töchter vorzubeugen. Als die völlige Verderbtheit der Sitten in Rom einbrach, standen die öffentlichen Buhlerinnen nackt vor ihren Tempeln, oder sie waren mit einem leichten, durchsichtigen Zeuge, den man einen gläsernen Ueberzug (toga vitrea) nannte, bekleidet. Endlich war ihnen verboten, auszugehen, ohne ein gewisses Zeichen an sich zu tragen, welches eine Zeitlang in der Tracht von rothen Schuhen bestand. Auch fand man für nöthig, ihnen, zur leichtern Unterscheidung, die den ehrbaren Bürgerinnen gewöhnliche Kleidung zu untersagen. Die Kuppler und Kupplerinnen mußten einen vielfarbigen Anzug tragen. Die Lupanaria durften nur des Abends um die neunte Stunde geöffnet werden.

Das Beispiel einer vollständigen Polizeiverordnung für ein Hurenhaus in neueren Zeiten ist diejenige, welche die Königin Johanna I., Königin beider Sicilien und Gräfin von Provence, für ein gesetzmäßiges Hurenhaus, das Mädchenkloster zu Avignon, ergehen ließ *). Die Statuten waren folgende:

1. Im Jahr 1347 den 8. August hat unsere gute Königin Johanna erlaubt, ein Mädchenkloster zum Vergnügen des Publikums in Avignon zu errichten. Sie will nicht zugeben, daß alle galante Weibsleute sich in der ganzen Stadt verbreiten, sondern sie befiehlt ihnen, sich in dem Hause allein aufzuhalten, und sie will, daß sie, um kenntlich zu sein, auf der linken Schulter einen rothen Nestel (Masche) tragen.

*) Die Geschichtschreiber berichten, daß diese Königin so hitziger Natur war, daß sie das Gras, auf welches sie sich setzte, versengte, daß sie Gemahle und andere Männer, die ihrer Wollust nicht mehr Genüge leisten konnten, erdrosseln oder auf andere Art umbringen ließ.

2. Wenn ein Mädchen einmal schwach gewesen ist und auf's Neue fortfährt, schwach werden zu wollen, so soll sie der Gerichtsdiener bei dem Arme nehmen und unter Trommelschlag, mit der rothen Masche auf der Schulter, durch die Stadt führen und in das Haus bringen, wo ihre künftigen Gespielinnen versammelt sind. Er soll ihr verbieten, sich in der Stadt antreffen zu lassen, bei Strafe im ersten Uebertretungsfall im Geheimen gepeitscht, im zweiten aber öffentlich mit Ruthen gestrichen und des Landes verwiesen zu werden.
3. Unsere gute Königin befiehlt, daß das Haus in der Straße Don Pontroukat (rue du pont rompu) nahe bei dem Kloster der Augustiner bis an's steinerne Thor aufgerichtet werden solle. Es soll eine Thüre daran angebracht werden, durch welche Jedermann eingehen könne; aber sie soll verschlossen bleiben, daß keine Mannsperson, ohne Erlaubniß der Vorsteherin Aebtissin (l'abadesso), welche alle Jahre durch den Stadtrath neu zu erwählen ist, die angestellten Mädchen besuche. Die Vorsteherin soll den Schlüssel in Verwahrung haben und die jungen Leute ernstlich warnen, keinen Lärmen zu erheben, noch die Mädchen zu quälen; denn bei der geringsten wider sie erhobenen Klage müssen solche sogleich in den Thurm zum Verhaft gebracht werden.
4. Der Königin Wille ist, daß an jedem Sonnabend die Priorin und ein vom Rath erwählter Wundarzt

jedes Mädchen untersuchen sollen, und wenn sich darunter eine findet, die mit einem aus dem Beischlafe entspringenden Uebel behaftet ist, so soll man sie von den übrigen absondern und in ein besonderes Gemach thun, damit sich Niemand ihr nähere und der Ansteckung der Jugend vorgebeugt werde *).

5. Wenn eins unter diesen Mädchen schwanger wird, so soll die Vorsteherin sorgen, daß es sich der Leibesfrucht nicht unzeitig entlade; sie muß es daher den Consuls anzeigen, damit von diesen dem Kinde alles Nöthige angeschafft werden möge.
6. Die Vorsteherin soll nie gestatten, daß eine Mannsperson auf den Charfreitag oder den heiligen Sonnabend nach dem glücklichen Ostertag das Haus betrete, bei Strafe der Kassation und der öffentlichen Peitsche.

---

*) Diese Stelle würde ein höheres Alter der venerischen Seuche beweisen, als man wirklich denkt, wenn nicht in heißeren Gegenden, durch häufigen Beischlaf und durch größere Unreinigkeit gewisse Krankheiten der Geschlechtstheile entstehen und andere gefährlich werden könnten, die doch das venerische Uebel nicht allemal selbst sind. So soll auch schon 1165 zu London in den Bordellen, welche damals unter gewissen Einschränkungen in den Vorstädten zugelassen worden, die Verordnung gemacht worden sein, daß in solchen keine Weibsbilder gehalten werden durften, die mit der gefährlichen Krankheit des Brennens (perilous infirmity of borning) behaftet waren. S. Falks Abhandlung über die venerischen Krankheiten.

7. Gleichfalls will die Königin, daß alle Mädchen ohne Zank und Eifersucht leben, daß sie einander nichts entwenden und sich nicht schlagen; im Gegentheil will sie, daß solche sich wie Schwestern einander lieben sollen; erhebt sich ein Streit unter ihnen, so soll die Priorin Einigkeit und Ruhe herstellen und jede soll sich dem Urtheil derselben zu unterwerfen verpflichtet sein.
8. Hat ein Mädchen einen Diebstahl begangen, so soll die Priorin es anhalten, das Gestohlene gütlich wieder zu ersetzen; weigert sich die Thäterin, diesem nachzukommen, so soll dieselbe durch einen Gerichtsdiener in einem besondern Zimmer gepeitscht werden; begeht sie diesen Fehler zum zweitenmal, so soll sie der Scharfrichter öffentlich peitschen.
9. Ferner ist der Königin Wille, daß die Priorin keinem Juden den Eintritt in dieses Haus verstatte; schleicht sich dessenungeachtet einer listigerweise ein und macht sich mit einer Klosterjungfer zu schaffen, so soll er in Verhaft genommen und sofort durch alle Straßen der Stadt gepeitscht werden *)

Als die Königin Johanna diese fromme Stiftung bestätigte, mochte sie dreiundzwanzig Jahre alt sein. Kaum wird man glauben, daß eine Prinzessin in diesem Alter sich's einfallen ließ, die Gesetzgeberin

*) Daß diese Verordnung lange befolgt worden ist, sieht man daraus, daß noch im Jahre 1408 ein Jude von Carpentras, mit Namen Donpedo, zu Avignon öffentlich gepeitscht worden.

einer solchen Anstalt zu sein. Aber wenn man bedenkt, daß Johanna für ihren ersten Gemahl Andreas, — den sie seiner Jugend, Schönheit und seines kraftvollen Körpers wegen geheirathet hatte, von allem aber, was sie hiermit verbunden zu sein glaubte, im Ehebette nichts fand, — mit eigenen Händen einen seidenen Strick flocht und an diesem den unvermögenden Andreas am Gitter ihres Fensters aufhängen, daß sie dreien anderen, deren sie ebensobald müde ward, das nämliche Schicksal widerfahren ließ, so wird man nichts Befremdendes darin finden, daß sie so frühzeitig für das Vergnügen ihrer Unterthanen Sorge trug.

Ein ähnliches Institut ward in Venedig 1421 errichtet. Die Republik war ehedem sehr darauf bedacht, die Sitten ihrer Unterthanen rein zu erhalten und sie vor Schwelgerei zu bewahren *).

*) Sabelikes erzählt, in den ersten Zeiten der Republik sei zu Venedig der Gebrauch gewesen, die mannbaren Mädchen an die Meistbietenden zur Ehe zu verkaufen und mit dem Gelde, das für die Schönen einkam, die Häßlichen auszusteuern, damit auch diese an den Mann gebracht würden. Aber dieser Gebrauch muß nicht sehr lange gedauert haben, denn es sind unbezweifelte Beweise vorhanden, daß in den älteren Zeiten der Republik ein freiwilliges Verlöbniß üblich war. Auf Mariä Reinigung im Monat Februar versammelten sich die verlobten Mädchen in der Kirche St. Pietro a Castello, legten ihr Heirathsgut in einen dazu bestimmten Kasten, übernachteten in der Kirche und wurden des Morgens von dem Bräutigam

Unverheiratheten Jünglingen war es nicht erlaubt, zahlreichen Gastmählern und Hochzeiten beizuwohnen. Im Jahr 1355 wurde verordnet, daß von Michaelis bis Ostern kein Gastmahl, es wäre denn unter Anverwandten, gehalten würde; und in den Zeiten, da es erlaubt war, durfte es nicht länger als zwei Stunden in der Nacht dauern.

Damit ehrliche Mädchen nicht zu Huren verführt würden, so wurden Anno 1421 fremde Huren in die Stadt gezogen und in dem Quartier de Rampani der Pfarrei San Cassano in eigenen, dazu bestimmten Häusern zu wohnen berechtigt, woher denn auch noch

---

sammt ihrem Heirathsgute abgeholt, nachdem der Bischof den Segen über sie gesprochen und von den Pflichten des Ehestandes eine Rede gehalten hatte. Die Bräute wurden einst von den Hiterreichern, die sich des Nachts im Schiffe herbeigeschlichen hatten, sammt ihren Heirathsgaben geraubt. Aber die Räuber wurden von den Venetianern eingeholt und die Beute ihnen wieder abgenommen. Zum Andenken dieser patriotischen Tapferkeit ist seitdem der Gebrauch gewesen, daß der Doge am Feste Mariä Reinigung die Kirche Santa Maria Formosa, aus welcher Pfarrei der größte Theil der Erretter war, besucht, und von dasiger Gemeinde mit zwei Hüten und ebensoviel Flaschen Wein beschenkt wird. Denn da sie diesen jährlichen Besuch sich damals vom Dogen ausbaten und er von dieser Pflicht, im Fall es regnete, befreit sein wollte, antworteten sie, sie würden ihm alsdann einen Hut, sich zu bedecken, und Wein zu trinken schicken.

heutzutage diese Gegend Carampana (von Casa de Rampani) genannt wird. Diesen Weibern wurde von der Regierung eine Matrone vorgesetzt, welche das Geld von den Mannsleuten, die sich derselben bedienten, einnahm, und es monatlich unter sie vertheilte, damit ihnen die Gelegenheit benommen würde, ihre Waare zu übertheuern und Unfug unter der Jugend anzurichten. Nachdem die Republik auf diese Weise der Unzucht Schranken gesetzt hatte, verbannte sie 1439 alles übrige verführerische und liederliche Gesindel aus der Stadt.

Heutiges Tags finden sich in allen großen europäischen Städten Bordelle unter polizeilicher Aufsicht. Nur Rom, Florenz und Neapel haben dergleichen nicht, aber eine desto ungeheurere Anzahl von Kupplern und Kupplerinnen und eine desto allgemeinere Verbreitung der Lustseuche. In Berlin standen früher die Bordelle unter folgender Polizeieinrichtung:

1. Gesetzlich erlaubt ist diese Wirthschaft freilich nicht, sie wird aber nur als ein nothwendiges Uebel geduldet.
2. Jeder Wirth ist verpflichtet, sobald ein Mädchen von ihm geht, es dem Viertelcommissarius zu melden. Ebenso, wenn er ein neues erhält.
3. Kein Wirth darf mehr Mädchen in seinem Hause halten, als in seinem Contract stehen.
4. Nur alsdann kann er eine neue Candidatin aufnehmen, wenn eine Stelle bei ihm offen ist.
5. Die Gesundheit der Schwärmer sowohl als auch der Mädchen selbst zu erhalten, muß in jedem

Viertel alle 14 Tage ein dazu bestellter Chirurgus forensis alle Mädchen dieser Art in seinem Viertel visitiren.

6. Jedes Mädchen muß ihm für seine Bemühung zwei Groschen geben.
7. Der Chirurgus ist verpflichtet, bei der geringsten Unreinigkeit, die er wahrnimmt, dem Wirthe anzudeuten, daß das Mädchen auf ihrer Stube bleiben solle.
8. Dieser Anzeige muß der Wirth genau und pünktlich nachleben; widrigenfalls muß er die Kosten der ganzen Krankheit tragen, die man von einem seiner Mädchen geerbt zu haben erweisen kann.
9. Ist das Mädchen so weit schon inficirt, daß sie durch bloße äußerliche Reinigung und Enthaltsamkeit nicht kurirt werden kann, so schickt sie der Chirurgus in das Hospital der Charité, wo sie auf dem Pavillon unentgeltlich verpflegt wird.
10. Die Schulden der Mädchen müssen bezahlt werden, wenn ein Wirth sie von dem andern auslöst.
11. Eben dieses gilt auch, wenn sie selbst für sich wirthschaften wollen.
12. Will aber das Mädchen diese Lebensart ganz verlassen und Dienste suchen, so wird sie, wenn, ihrer Schulden wegen, Klage bei dem Richter einläuft, von der Schuld losgesprochen.
13. Kein Wirth soll für ein Mädchen, welches er von einem andern auslöst, mehr als 4 oder 5 Rthlr. bezahlen.

14. Jeder Wirth, welcher Musik hält, muß wegen seiner Musikanten täglich 6 Gr. für die Erlaubniß, daß sie bei ihm spielen dürfen, bezahlen. Das dafür einkommende Geld ist zum Nutzen der Armenanstalten bestimmt.

Diese polizeilichen Vorschriften sind durch das Bordell-Reglement, welches unterm 2. Februar 1792 vom Preuß. General-Directorium zu Berlin erlassen wurde, näher bestimmt worden. Dieses Reglement führt die Ueberschrift: Verordnung wider die Verführung junger Mädchen zu Bordells und zur Verhütung der Ausbreitung venerischer Uebel, und lautet wie folgt:

Es ist in Erfahrung gebracht, daß junge, einfältige Mädchen, besonders aus kleinen Städten, unter arglistigen Vorspiegelungen, sie in vortheilhafte Dienste unterzubringen, nach Berlin gelockt, hier aber, ohne es zu wissen, in Bordells gebracht und wider ihren anfänglichen Vorsatz zum feilen Hurenleben, also zu ihrem Verderben verleitet werden.

Gleichergestalt ist bemerkt worden, daß die feilen Dirnen, nachdem sie selbst angesteckt sind, sich so lange, als es der Zustand ihrer venerischen Krankheit nur immer zuläßt, preiszugeben fortfahren und hierdurch die weiteren Ansteckungen außerordentlich vermehrt und ausgebreitet werden.

Solchen schändlichen Verführungen und den höchst verderblichen Folgen aus der überhand nehmenden Mittheilung des venerischen Uebels nachdrücklich zu begegnen, werden nachstehende Vorschriften zur Wissenschaft und genauesten Beobachtung der Hurenwirthschaften und der Weibspersonen, die aus der Unzucht für Lohn ihr Gewerbe machen, hierdurch gegeben und festgesetzt:

1. Darf Niemand ein Bordell anlegen und für Lohn Hurerei treibende Dirnen halten, ohne sich vorher dazu bei dem Polizeidirectorio gemeldet und schriftliche Erlaubniß erhalten zu haben. Wer dawider handelt, soll, nebst gänzlicher Aufhebung solcher seiner Wirthschaft, mit ein- bis zweijähriger Zuchthausstrafe belegt werden.
2. Jeder Bordellwirth muß, ehe er eine Dirne zu seinem Gewerbe auf- und annimmt, dieselbe dem Polizeidirectorio gestellen und nicht eher und anders mit ihr darüber einen Vertrag machen, als bis das Polizeidirectorium ihm die schriftliche Erlaubniß dazu ertheilt haben wird, da denn zugleich die Bedingungen, auf welche der Hurenwirth und eine solche Person sich vereinigen, bei der Polizei registrirt werden müssen und jedem Theil eine Abschrift davon zu ertheilen ist, wofür überhaupt acht Groschen an Gebühren zu erlegen sind. Die schon vorhandenen Bordellwirthe aber, welchen das Polizeidirectorium fernerhin die Duldung zugestehen wird, müssen, auf desselben Befehl, auch die jetzt schon bei sich habenden Lohnhuren anzeigen, dieselben auf Erfordern zu solcher Genehmigung gestellen, und es müssen die Bedingungen unter ihnen auf die vorgedachte Art schriftlich verfaßt

werden. Wenn ein solcher Wirth dieses unterläßt und er überführt wird, eine Weibsperson ohne Meldung zum feilen Gebrauch 48 Stunden bei sich gehabt zu haben, soll er in fünfzig Thaler Geldstrafe genommen, dafern er aber zum drittenmal dawider handelt, außer der gedachten Geldstrafe, sein Gewerbe ihm nicht weiter verstattet, sondern solches aufgehoben werden.

Auch soll es ihm zu keiner Entschuldigung gereichen, daß er die nicht Gemeldete nicht zum Hurengewerbe, sondern als eine Freundin aufgenommen, als Dienstmagd gemiethet, oder was es sonst für Ausflüchte sein möchten, indem er jede Frauensperson ohne Unterschied, die er bei sich aufnimmt, sofort anzuzeigen gehalten ist und diese Unterlassung gegen ihn für einen Beweis der Contravention geachtet werden soll. Bei gleicher Strafe muß die unverzügliche Meldung geschehen, wenn eine feile Dirne aus einem andern Bordell sich zu ihm begibt.

3. Unmündige Weibspersonen, die nicht schon vor Publikation dieser Verordnung in einem Bordell bekanntlich oder erweislich Lohnhurerei getrieben haben, soll ein Bordellwirth überhaupt nicht annehmen, solches auch, wenn er sie dem Polizeidirectorio gestellt, nicht verstattet werden. Thut er es aber dennoch, entweder ohne vorher sie dem Polizeidirectorio zu melden, oder gegen dessen Verbot; so soll er alsdann mit zweijähriger Festungsarbeit bestraft werden.

4. Der Austritt aus dem Hurenhause darf keiner

darin bisher befindlich gewesenen Weibsperson, die ihre Lebensart ändern und sich auf eine ehrbare Weise nähren will, verschränkt oder erschwert werden. Selbst wegen gegebener Vorschüsse, oder sonst gemachter Schulden, darf der Wirth eine solche Person, bei Verlust der Forderung, wider ihren Willen nicht zurückhalten, und die Polizei ist verbunden, einer solchen Person, die das Hurenleben und in dieser Absicht das Bordell verlassen will, zur Ausführung dieses Vorsatzes gegen alle Hinderungen unverzüglich wirksamen Beistand zu leisten.

Wenn aber eine solche Weibsperson nur in ein anderes Bordell übergehen will, so kann solches, ohne die Einwilligung ihres bisherigen Wirths, nicht eher als nach drei Monaten geschehen *); es wäre denn, daß sie durch ungebührlich harte Begegnung ihres Wirths oder andere, nach dem Befinden der Polizei, erhebliche und gegründete Ursachen dazu veranlaßt würde.

Einer Hure, die das Bordell verlassen will, um auf ihre eigene Hand Lohnhurerei fortzusetzen, soll dieses gar nicht gestattet werden, und wenn eine solche Person, die unter dem Vorwand einer zu ergreifenden ehrbaren Lebensart das Bordell verlassen hat, darauf betroffen wird, daß sie auf ihre eigene Hand Lohnhurerei treibt: so soll sie schon um des-

*) Diese Stelle hätte bestimmter ausgedrückt werden müssen.

willen vierwöchentliche Zuchthausstrafe mit Willkommen und Abschied leiden.

Weil auch in Erfahrung gebracht worden, daß viele Hurenwirthe, die ihren Dirnen mit unbilliger Härte begegnen, dieselbe zugleich in so strenger Aufsicht halten, daß sie ihre Beschwerden darüber nicht an die behörige Obrigkeit gelangen lassen können, so soll vom Polizeidirectorio von Zeit zu Zeit ex officio, und ohne Beisein der Hurenwirthe, Erkundigung angestellt werden, ob die Dirnen gegründete Beschwerden gegen ihre Wirthe vorzubringen haben.

5. Den Lohnhuren in den Bordells wird ernstlich untersagt, auf der Straße, vor dem Hause und in den Fenstern durch Geberden, Zeichen und Winke die Vorübergehenden anzulocken und einzuladen, und die Hurenwirthe müssen solches an denselben nicht dulden. Durch die Polizeibedienten wird darauf fleißig Acht gegeben werden und diejenige, die dawider handelt, das erstemal mit dreitägigem, bei Wiederholungen aber mit achttägigem und längerm Gefängniß, halb bei Wasser und Brod, gestraft werden. Auch soll ihr Wirth, der solches nachgesehen, oder gar veranlaßt zu haben überführt wird, doppelte Strafe leiden.

6. In den Bordells sollen die Wirthe denen, die sie besuchen, weder Wein, Branntwein, Liqueurs, Punsch oder andere starke Getränke, noch Essen*),

*) Diese Vorschrift scheint sehr in Vergessenheit gekommen zu sein.

sondern bloß Thee, Caffee, Chocolade, Bier und dergleichen nicht erhitzende und berauschende Erfrischungen reichen, auch nicht gestatten, daß starke Getränke und Speisen von den Hinkommenden mitgebracht, oder dahin bestellet und daselbst genossen werden.

Für jede Contravention hat der Wirth fünf Thaler Geld- oder achttägige Gefängniß-, bei Wiederholungen aber geschärfte Strafen, und wenn solche nicht helfen, zugleich die gänzliche Aufhebung seiner Wirthschaft zu erwarten.

Auch soll kein Hurenwirth später als längstens bis 12 Uhr in der Nacht einen Gast bei sich dulden, oder nach Mitternacht einen oder mehrere einlassen und aufnehmen. Wer dawider handelt, soll zum erstenmal zehn Thaler und im Wiederholungsfall doppelt so viel Strafe erlegen, zum drittenmal aber überdies seine Nahrung aufgehoben werden.

7. Sind in einem solchen Hause Diebstähle, Schlägereien oder andere Verbrechen vorgefallen; so ist der Wirth dem Beschädigten, der auf andere Weise zu seiner Schadloshaltung nicht gelangen kann, dafür allemal verhaftet.

Auch ist derselbe der Theilnahme an dem Verbrechen selbst so lange verdächtig, als das Gegentheil nicht ausgemittelt werden kann, und wenn gefunden wird, daß er zur Verhütung solcher Verbrechen nicht alle mögliche Mittel und Sorgfalt angewendet hat; so soll er, nach Verhältniß der begangenen Fahrlässigkeit, mit Geld- oder Leibesstrafe belegt werden.

8. Ist eine unschuldige Weibsperson durch List oder Gewalt in ein Bordell gebracht worden, so hat sowohl der Wirth, als der, oder diejenigen, die an solchem schändlichen Verbrechen Theil genommen haben, öffentliche Ausstellung und vier= bis zehnjährige Zuchthausstrafe nebst Willkommen und Abschied verwirkt. Ueberdies soll dem Wirth seine Nahrung genommen werden, auch demselben zu keiner Entschuldigung gereichen, daß er die arglistige Verführung oder gebrauchte Gewalt weder gewußt noch genehmigt habe, indem er keine Weibsperson bei sich aufnehmen muß, ohne vorher dem Polizeidirectorio davon Anzeige gethan, und von demselben, nach Untersuchung aller Umstände, dazu die Erlaubniß erhalten zu haben.

9. Gleichergestalt muß ein Bordellwirth bei einjähriger Zuchthaus= oder Festungsstrafe niemanden, von welchem Stande er sein möge, Gelegenheit geben, mit einer andern mitgebrachten Frauensperson in seinem Hause Unzucht zu treiben und durchaus nicht gestatten, daß jemand eine Frauensperson in sein Haus führe und sich darin mit ihr abgesondert nnterhalte, oder überhaupt mit andern, als den von ihm selbst gehaltenen Lohnhuren, sich abgebe. Wie er denn schlechterdings, nach dem §. 2., keine Weibsperson als Dienstmädchen, oder unter welchem andern Vorwande es sein möge, unter seine Hausgenossen, ohne vorgängige Meldung bei der Polizei und Genehmigung derselben, aufnehmen und halten muß.

10. Um den häufigen Ansteckungen der Lohnhuren, und, wenn solche erfolgen, sowohl der ärgern Zunahme des venerischen Uebels an ihnen selbst, als der durch sie entstehenden Mittheilung desselben an die ihnen Beiwohnenden und der weitern Verbreitung von diesen unter viele Unschuldige zu begegnen, mithin diese höchst verderbliche Seuche nicht nur in ihrem überhandnehmenden Fortgange zu hemmen, sondern, so viel immer möglich, ganz auszurotten, sind die Bordellwirthe und die von ihnen gehaltenen Huren schuldig, die aufmerksamste Vorsichtigkeit zu ihrem eignen Vortheil und zur Vermeidung eignen Unglücks und harter Strafen anzuwenden.

Zu dem Ende sollen

1) die Hurenwirthe den dazu in jedem Revier bestellten Wundärzten, so oft dieselben eine Visitation der Huren bei ihnen vorzunehmen gut finden werden, sie nicht verhehlen, und jede Hure soll sich der Visitation unterwerfen.

2) Wird jedem Bordellwirth, zu seiner und der von ihm gehaltenen Lohnhuren Wissenschaft, eine von der sachverständigen Behörde abgefaßte gedruckte Anweisung, an welchen Zeichen und Empfindungen eine geschehene Ansteckung und der Anfang einer venerischen Krankheit zu erkennen sei, gegeben, und von dem für das Revier bestellten Wundarzte ihnen deutlich erklärt werden, um darnach sowohl selbst ihren Zustand beurtheilen zu können, als auch ihm bei ihrer Visitation solchen zu eröffnen und ihn dadurch

zur Vermuthung oder Entdeckung eines bei ihnen entstandenen venerischen Uebels desto mehr in den Stand zu setzen.

3) Gleichergestalt sollen sie durch solche Anweisung von den Merkzeichen, woran sie bei einer ihrer begehrenden Mannsperson ein venerisches Uebel argwohnen oder gewiß erkennen können, belehrt werden, um sich der fleischlichen Vermischung mit derselben zu enthalten.

11. Verspürt nun eine Hure an sich, daß sie angesteckt ist; so muß sie niemanden mehr zum Beischlaf zulassen, sondern sofort sowohl ihrem Wirth, als dem Wundarzt des Reviers solches anzeigen, worauf unverzüglich für ihre Heilung gesorgt werden soll. Unterläßt sie dieses, so soll sie nach ihrer völligen Heilung das erstemal mit dreimonatlicher Gefängniß-, im Wiederholungsfall aber mit sechsmonatlicher Zuchthausstrafe, nebst Willkommen und Abschied bestraft werden.

Hat dieselbe durch Verschweigung ihrer venerischen Krankheit zur weitern Verbreitung dieses Uebels Anlaß gegeben, so soll sie selbst das erstemal mit Zuchthausstrafe auf sechs Monate bis ein Jahr, nebst Willkommen und Abschied belegt werden.

Auch soll der Bordellwirth, wenn er den inficirten Zustand solcher Hure gewußt und sie in demselben an der Fortsetzung ihres Gewerbes nicht gehindert oder gar dazu angehalten hat, mit gleicher Strafe belegt werden und überdies die Heilungs- und Verpflegungskosten der von solcher Hure angesteckten Mannspersonen, wenn sie es verlangen, oder solche Kosten nicht bezahlen können, erstatten.

Zu dieser Erstattung soll ein Bordellwirth selbst in dem Fall angehalten werden, wenn er den inficirten Zustand einer bei sich gehaltenen Hure nicht gewußt hat, weil solche Verbindlichkeit, als eine mit dem ihm zugelassenen Gewerbe um des allgemeinen Besten willen verknüpfte Last und Gefahr, geachtet werden soll.

12. Kann dahingegen eine Hure jemanden überführen, daß er sie durch seinen Beischlaf mit ihr inficirt habe, so soll derselbe, auf ihre und des Bordellwirths Anzeige und Klage, nicht nur die Unterhaltungs- und Heilungskosten tragen und zwar so lange, als, nach dem Ermessen der Charité-Behörde, die Hure bis zu ihrer völligen Genesung in der Charité bleiben muß, sondern auch mit fünfzig Thaler Geld- oder dreimonatlicher Zuchthausstrafe belegt werden.

13. Wenn eine Hure ihre venerische Krankheit, ehe solche entdeckt oder von ihr angegeben worden, in solchem Grade zunehmen lassen, daß, nach Erkenntniß von Sachverständigen, sie solche schon eine Zeitlang gewußt haben könne und müsse, so soll, dafern sie auch nicht zu überführen sein möchte, jemand angesteckt zu haben, dennoch dieselbe dafür angesehen und so bestraft werden, als wenn sie ihr Uebel andern wirklich mitgetheilt hätte.

14. Da bisher die venerischen Krankheiten der Lohnhuren darum verschwiegen worden, und dieselben

sich damit unerfahrenen Leuten heimlich anvertraut haben, weil die Bordellwirthe die ihnen schwer fallende Kur- und Verpflegungskosten in der Charité für die dahin gebrachten bezahlen müssen; so ist, um dieses Hinderniß aus dem Wege zu räumen, die Einrichtung zu einer Heilungskasse für dieselben gemacht, vermöge welcher die Wirthe und ihre Lohnhuren, wenn diese in das Unglück der Ansteckung gerathen, von den gedachten, oft ihr Vermögen erschöpfenden Kosten befreit und für eine lebenswierige, aus dem Wachsthum solcher bösen Krankheit erfolgte Zerrüttung ihres Körpers und ihrer Gesundheit bewahret werden. Zu dieser Kasse soll

a. jeder Bordellwirth monatlich für jede Lohnhure, die er hält, sechs Groschen, und zwar allezeit auf den folgenden Monat vier Tage vor dessen Anfange, gegen eine ihm zu ertheilende, den Namen und Geburtsort derjenigen, für welche diese Zahlung geschieht, enthaltende Quittung erlegen, und es bleibt ihm überlassen, bei dem, nach dem §. 2, mit jeder Lohnhure von der Polizei schriftlich abzufassenden Vertrage, auf diese von ihm wegen derselben monatlich zu leistenden Abgabe mit Rücksicht zu nehmen.

Doch soll ein Bordellwirth, welcher die von der Lohnhure, nach dem geschlossenen Contrakt, ihm zu restituirenden Beiträge längere Zeit, als einen Monat hat aufschwellen lassen, auch aus diesem Grunde nicht berechtigt sein, eine solche Person, wenn sie ihre Lebensart ändern und sich auf eine ehrbare Art nähren will, davon, der Vorschrift des §. 4. zuwider, zurück zu halten.

b. Wenn eine Lohnhure aus einem Bordell in ein anderes übergeht, ohne daß ihrentwegen in dem Monat solcher ihrer Veränderung die sechs Groschen erlegt sind; so muß der Bordellwirth, zu welchem sie sich hinbegeben, die Abgabe dieses Monats mit sechs Groschen, und weiterhin vier Tage vor dem nächst eintretenden Monat, für sie bezahlen, womit eine Lohnhure um so weniger übersehen werden kann und muß, da eine jede, wenn sie ihren Aufenthalt aus einem Bordell verändert, solches, und wohin sie sich begibt, sofort dem Polizeicommissar des Reviers anzumelden hat.

c. Die monatliche Zahlung dieses Beitrages geschieht an den dazu bestellten Wundarzt des Reviers, welcher den vierten Tag nach Eintritt des neuen Monats die ganze Einnahme aus seinem Revier an den Rendanten der Heilungskasse, gegen eine ihm darüber unter seinem einzureichenden Verzeichniß auszustellende Quittung, abliefern muß, dabei zugleich der Rendant dieses Verzeichniß mit demjenigen, welches über alle Bordellwirthe und Lohnhuren eines jeden Reviers vollständig und genau gehalten werden und zur Controlle der Heilungsgeldereinnahme dienen muß, zu vergleichen und sich zu überzeugen hat, ob nicht eine oder die andere übersehen worden, um für dieselbe den ausgebliebenen Beitrag einzutreiben.

15. Ueber diese Heilungskasse wird ordentliche genaue Rechnung gehalten, und aus derselben soll

jede inficirte Lohnhure sofort in die Charité, ohne einige weitere ihr oder ihrem Wirthe abzufordernde Kosten, aufgenommen, gründlich kurirt, bis dahin ordentlich verpflegt und nach ihrer völligen Herstellung, ohne sie, wie bisher geschehen, auf einige Monate ins Arbeitshaus zu bringen, entlassen werden, daher eine jede, sobald sie eine Ansteckung an sich merkt, ehe das Uebel noch ärger wird und sie sich der §. 13 verordneten Strafe aussetzt, um so weniger Ursache hat, die Anzeige an den Wundarzt des Reviers und ihre unverzügliche Unterbringung in der Charité zurück zu halten, auch weil daselbst die Aerzte vorzügliche Erfahrung in der Kur dieser Krankheit haben, die Lohnhuren weder dem Wundarzt des Reviers, noch sonst einem andern sich zur Heilung anvertrauen, sondern solche allein in der Charité suchen und erhalten sollen.

16. In den vorzüglich bewohnten und frequentirten Straßen und Plätzen der Stadt sollen keine Bordells geduldet, sondern solche nur in einer ziemlichen, doch solchen Entfernung von denselben, daß die Polizei sie beobachten und den darin vorfallenden Unordnungen mit gehöriger Schnelligkeit steuern könne, und in geringen Straßen und Gassen nachgegeben werden.

17. Was in den vorstehenden Artikeln den Bordellwirthen vorgeschrieben und befohlen ist, haben auch die Hurenwirthinnen, welchen vom Polizeidirectorio Lohnhuren zu halten nachgelassen wird,

bei gleichen Strafen zu beobachten und zu befolgen.

18. Einzelne auf ihre eigene Hand zur Unzucht mit mehrern sich feil haltende Frauenspersonen*) müssen sich gleichfalls beim Polizeidirectorio zu ihrer Aufzeichnung melden, eben so wie die Lohnhuren in den Bordells, ihre Visitation durch den Wundarzt des Reviers, in welchem sie wohnen, unweigerlich leiden, monatlich sechs Groschen zur Heilungskasse erlegen, und sind überhaupt allen den Vorschriften, die obstehendermaßen den Bordellwirthschaften und Lohnhuren in denselben gegeben worden, so wie, wenn sie dawider handeln, allen darauf gesetzten Strafen unterworfen.

Sie werden daher ernstlich verwarnt, sich in der Einbildung, daß sie unentdeckt bleiben oder nicht zu überführen sein werden, der Anzeige ihres Gewerbes bei dem Polizeidirectorio nicht zu entziehen, indem ihren Handlungen unablässig nachgespürt und alles angewendet werden wird, die Beweise davon zu erhalten, da sie dann die Strafe derer, die ohne gegebene Erlaubniß Bordellwirthschaft unternehmen, zu erwarten haben.

19. Auf die Winkelkuppler und Kupplerinnen, die sich damit abgeben, Manns- und Frauenspersonen, von welchem Stande sie sein mögen, in ihren Wohnungen Gelegenheit zur Unzucht zu

---

*) Wie läßt sich dies mit dem §. 4, wo es heißt: eine Hure, die das Bordell verlassen will rc., vereinigen?

machen, wird strenge vigilirt werden, und die sich darauf betreten lassen, sollen nach Befinden mit dreimonatlicher Gefängniß- oder Zuchthausstrafe belegt werden*).

20. Die im Finstern auf den Straßen herumwankenden Gassenhuren sollen durchaus nicht geduldet, sondern, wo sie sich betreffen lassen, aufgegriffen und nach ihrer Heilung, wenn sie von einer venerischen Krankheit behaftet sind, auf sechs bis zwölf Monate ins Zuchthaus gebracht werden.

21. Wer die festgesetzten Geldstrafen nicht erlegen kann, soll verhältnißmäßig am Leibe abgestraft werden.

22. Von den einkommenden Geldstrafen, so wie in den Fällen, wenn, dem Befinden nach, Leibes- in Geldstrafen verwandelt werden, sollen die Denuncianten die Hälfte erhalten, auch die übrigen Geldstrafen bloß zur Belohnung derer, die Kontraventionen gegen die Verordnung entdecken und anzeigen, angewendet und dazu aufgesammelt und berechnet werden.

23. In den Fällen des §. 3., 7 und 8, soweit dabei mit den Kontraventionen gegen die Verordnung zugleich ein Verbrechen gegen andere Strafgesetze konkurrirt, soll das Criminaldepartement des Stadtgerichts cognosciren und die Remedia

---

*) Diese Vorschrift ist durch das A. L. R. II. 20. §. 296 ꝛc. näher bestimmt worden. Siehe weiter unten.

gehen von demselben an die Criminaldeputation des Kammergerichts.

Wenn hingegen wider die übrigen Verbote dieser Verordnung kontravenirt wird; so soll in allen Fällen, wo Geld- oder eine nicht über sechs Monate gehende Zuchthausstrafe festgesetzt ist, das Polizeidirectorium, in schwereren Straffällen aber gleichfalls das Criminaldepartement des Stadtgerichts, in der ersten Instanz erkennen, der Zug der Remediorum aber so wie in andern hiesigen Polizeisachen, an das Generaldirectorium gehen.

24. Damit niemand, der von Lohnhurerei, es sei als Wirth oder als Dirne, Gewerbe macht, sich mit der Unwissenheit der in dieser Verordnung gegebenen Vorschriften und Befehle entschuldigen könne; so soll einem jeden uud einer jeden derselben bei ihrer Einzeichnung ein Exemplar davon, wofür sechs Groschen zum Belohnungsfond für die Denuncianten erlegt werden müssen, zugestellt werden. —

Von einem ganz besondern Einflusse auf die Verminderung der Bordelle in Berlin war die Verordnung v. J. 1795, wonach den Bordellwirthen bei namhafter Strafe untersagt wurde, Tanzmusik zu halten, denn von nun an verschwanden die zahlreichen Gäste, und die Wirthe mußten ihr Gewerbe von selbst aufheben.

Ueber die Kuppelei und Bordellwirthschaft enthält das Allgm. Preuß. Landrecht II. 20 die Gesetze in folgenden Paragraphen:

§. 996. Kuppler und Kupplerinnen, welche junge Leute oder verheirathete Personen zu Ausschweifungen verführen, ihnen dazu Gelegenheit verschaffen, oder sonst beförderlich sind, haben Zuchthaus oder andere Strafarbeit auf sechs Monate bis zwei Jahre verwirkt.

§. 997. Haben sie aus dergleichen Kuppeleien ein Gewerbe gemacht; so soll zwei- bis dreijährige Zuchthausstrafe eintreten, diese mit Willkommen und Abschied geschärft, und ein dergleichen Verbrecher, nach deren Erduldung, aus seinem bisherigen Aufenthaltsorte für immer verbannt werden.

§. 998. Haben Eltern, Erzieher oder Erzieherinnen, oder Andere, deren Aufsicht junge Personen anvertrauet sind, sich einer solchen schändlichen Verkuppelung ihrer Kinder, Zöglinge oder Untergebenen schuldig gemacht: so wird die Dauer der an sich verwirkten Zuchthausstrafe gegen sie verdoppelt.

§. 999. Liederliche Weibspersonen, welche mit ihrem Körper ein Gewerbe treiben wollen, müssen sich in die unter Aufsicht des Staats geduldeten Hurenhäuser begeben.

§. 1000. Dergleichen öffentliche Häuser sind nur in großen volkreichen Städten, und nicht anders als in abgelegenen, und von öffentlichen Wegen und Straßen entfernten Orten zu dulden*).

§. 1001. Aber auch in diesen soll sich Niemand, bei ein- bis zweijähriger Zuchthausstrafe, unterfangen, eine dergleichen Hurenwirthschaft ohne ausdrückliche Zulassung der Polizei-Obrigkeit des Orts anzulegen.

§. 1002. Die Polizei muß dergleichen Häuser unter beständiger ganz genauer Aufsicht halten und öftere Visitationen mit Zuziehung eines Arztes darin vornehmen; auch alles anwenden, was zu Vermeidung der weitern Verbreitung venerischer Krankheiten dienlich ist.

§. 1003. Auch muß die Polizei den Verkauf berauschender Getränke in dergleichen Häusern nicht gestatten.

§. 1004. Ohne Vorwissen und Erlaubniß der Polizei muß kein Hurenwirth oder Hurenwirthin, bei fünfzig Thaler Strafe für jeden Uebertretungsfall, eine Weibsperson aufnehmen.

§. 1005. Ist eine unschuldige Person, durch List oder Gewalt, in ein solches Haus mit Vorwissen oder Genehmigung des Wirths gebracht worden: so hat letzterer öffentliche Ausstellung und sechs- bis

*) Auch dürfen nach der Verordnung des Preuß. Polizeiminister. vom 8. Okt. 1818 zu Bordellwirthschaften keine Gewerbscheine ertheilt werden, weil es unter der Würde des Staates ist, von diesem Gewerbe pecuniären Vortheil zu ziehen.

zehnjährige Zuchthausstrafe, nebst Willkommen und Abschied verwirkt.

§. 1006. Auch ist dergleichen Verbrechern unter keinerlei Vorwande die weitere Betreibung einer solchen Wirthschaft zu verstatten.

§. 1007. Minderjährige Weibspersonen sollen in solche Häuser nicht aufgenommen, und wenn es dennoch ohne Meldung, oder gar wider das Verbot der Polizei geschehen ist, der Wirth oder die Wirthin mit ein= bis zweijähriger Festungs= oder Zuchthaus=strafe belegt werden.

§. 1008. Befindet sich ein Weibsbild in einem solchen Hause schwanger, so muß die Hurenwirthin der Polizeiobrigkeit davon sofort, als solches zu ihrer Wissenschaft gelangt, Anzeige thun.

§. 1009. Unterläßt sie dieses und es erfolgt eine heimliche Geburt, oder gar ein Kindermord, so hat die Hurenwirthin, bloß der unterlassenen Anzeige wegen, die §. 928 bestimmte Strafe verwirkt.

§. 1010. Die Verpflegung einer solchen Person während der Wochen muß die Hurenwirthin besorgen, wenn keine öffentliche Anstalt zur Verpflegung der Wöchnerin vorhanden ist.

§. 1011. Es bleibt aber derselben vorbehalten, deren Ersatz von dem Schwängerer, oder wenn dieser nicht auszumitteln ist, von der Mutter selbst, oder von der Armenkasse zu fordern.

§. 1012. Sobald das Kind entwöhnt worden, muß selbiges der Mutter weggenommen, und auf Kosten derjenigen, welche nach Vorschrift des zwei=

ten Titels §. 612—632 dazu verbunden und des Vermögens sind, sonst aber auf öffentliche Kosten verpflegt und erzogen werden.

§. 1013. Wird eine Weibsperson in einem dergleichen Hause mit einer venerischen Krankheit befallen; so muß es die Wirthin der Polizei sofort anzeigen und nach deren Anordnung für die Kur und Verhütung des weitern Ansteckens sorgen.

§. 1014. Unterläßt sie dieses, so hat sie das erstemal Gefängnißstrafe auf drei Monate; im Wiederholungsfalle aber sechsmonatliche Zuchthausstrafe mit Willkommen und Abschied verwirkt.

§. 1015. Hat die angesteckte Weibsperson ihre Krankheit verschwiegen und dadurch zur weitern Ausbreitung des Uebels Anlaß gegeben; so soll sie mit Zuchthausstrafe auf sechs Monate bis ein Jahr, nebst Willkommen und Abschied, belegt werden.

§. 1016. Ueberhaupt muß die Polizei die Verbreitung der venerischen Krankheit durch schickliche Anstalten zu verhüten suchen.

§. 1017. Sind in einem solchen Hause Diebstähle, Schlägereien, oder andere Verbrechen vorgefallen; so ist der Wirth dem Beschädigten, der auf andere Weise zu seiner Schadloshaltung nicht gelangen kann, dafür allemal verhaftet.

§. 1018. Auch ist derselbe der Theilnehmung an dem Verbrechen selbst so lange verdächtig, als das Gegentheil nicht ausgemittelt werden kann.

§. 1019. Haben die Hurenwirthe zur Verhütung solcher Verbrechen nicht alle mögliche Mittel und Sorgfalt angewendet, so sollen sie, nach Verhältniß der begangenen Fahrlässigkeit, mit Geld- oder Leibesstrafe belegt werden.

§. 1020. Der Austritt aus dem Hurenhause darf keiner darin bisher befindlich gewesenen Weibsperson, die ihre Lebensart ändern und sich auf eine ehrbare Weise nähren will, verschränkt oder erschwert werden.

§. 1021. Selbst wegen gegebener Vorschüsse oder sonst gemachter Schulden, darf der Wirth eine solche Person, bei Verlust der Forderung, wider ihren Willen nicht zurückhalten.

§. 1022. Alles, was bisher §. 1000—1021 verordnet worden, findet sowohl wegen der Hurenwirthe als Wirthinnen statt.

§. 1023. Weibspersonen, die von der Hurerei ein Gewerbe machen, ohne sich ausdrücklich unter die besondere Aufsicht der Polizei zu begeben, sollen aufgegriffen und zu dreimonatlicher Zuchthausarbeit verurtheilt werden.

§. 1024. Nach ausgestandener Strafe sind sie in Arbeitshäuser abzuliefern und daselbst so lange zu verwahren, bis sie zu einem ehrlichen Unterkommen Lust und Gelegenheit erhalten.

§. 1025. Doch sollen Personen, welche sonst die §. 1023. 1024 bestimmte Strafe verwirkt haben, mit selbiger verschont werden, wenn sie ihre Schwangerschaft gehörig anzeigen und sich bei ihrer Niederkunft vorschriftsmäßig verhalten.

§. 1026. Alle nicht in Hurenhäusern lebende Personen, welche wissen, daß sie mit einer venerischen Krankheit behaftet sind, aber dennoch sich mit Andern fleischlich vermischen und wieder damit anstecken, haben eine dreimonatliche Gefängniß- oder Zuchthausstrafe verwirkt.

Das neueste Bordellreglement ist unterm März 1824 für die Stadt Minden von der dasigen Regierung entworfen und von dem Preuß. Ministerium der Polizei genehmiget worden. Es gründet sich auf vorstehende Paragraphen des allg. Preuß. Landrechts und die obige Verordnung vom 2. Febr. 1792 und lautet wie folgt:

Reglement für das in Minden zu errichtende Bordell.

Da es zur Abstellung der bisher hier sehr eingerissenen Straßenhurerei und möglichst ferneren Verhütung häufiger, zur Anzeige gekommenen Klagen, wegen Verbreitung venerischer Krankheiten, nothwendig gefunden ist, diesen Uebeln durch Errichtung eines Bordells und die dadurch erleichterte polizeiliche Controle Schranken zu setzen, so wird mit Genehmigung des Königl. hohen Ministeriums des Innern und der Polizei, und in Gemäßheit der dieserhalb bestehenden gesetzlichen Bestimmungen, Folgendes hierdurch festgesetzt:

1. Der Bordellwirth darf ohne Erlaubniß der Polizeibehörde keine Hure in sein Bordell aufnehmen. Nach ertheilter Erlaubniß werden zugleich die Bedingungen der Aufnahme in triplo ausgefertigt, wovon ein Exemplar der Bordellwirth, ein zweites die aufgenommene Hure und ein drittes die städtische Registratur empfängt, und werden für jedes Exemplar 2 ½ Sgr. entrichtet. Wenn der Bordellwirth überführt wird, eine Weibsperson ohne Meldung und Erlaubniß zum feilen Gebrauch 24 Stunden bei sich gehabt zu haben, so soll er in 50 Thaler Geldstrafe genommen, im Wiederholungsfall aber, außer der gedachten Geldstrafe, der Fortsetzung der Hurenwirthschaft für verlustig erklärt werden.

Auch soll es einem solchen Wirthe zu keiner Entschuldigung gereichen, daß er die nicht gemeldete Person zum Hurengewerbe, sondern als eine Freundin, Verwandte, Dienstmagd bei sich aufgenommen, vielmehr ist er bei Vermeidung einer gleichen Strafe, als vorgedacht, gehalten, der Polizeibehörde sofort davon Anzeige zu machen. (Verordnung des General-Directoriums vom 2. Februar 1792.)

2. Unmündige Weibspersonen, die nicht schon in einem Bordell bekanntlich oder erweislich Lohnhurerei getrieben haben, soll der Bordellwirth nicht annehmen, und ist ihm von der Polizeibehörde hiezu, wenn er eine solche Person bei derselben anmelden möchte, die Aufnahme zu versagen. Thut er es aber dennoch, entweder ohne vorher sie der Polizei

zu melden, oder gegen deren Verbot, so soll er mit ein- bis zweijähriger Festungs- oder Zuchthausstrafe bestraft werden *)

3. Der Austritt aus dem Hurenhause darf keiner darin befindlichen Weibsperson, die ihre Lebensart ändern und sich auf eine ehrbare Art nähren will, beschränkt oder erschwert werden.

Selbst wegen gehobener Vorschüsse, oder sonst gemachter Schulden, darf der Wirth eine solche Person bei Verlust der Forderung, wider ihren Willen, nicht zurückhalten, und ist die Polizei verbunden, einer solchen Person, die das Hurenleben und in einer solchen Absicht das Bordell verlassen will, zur Ausführung dieses Versatzes gegen alle Hinderungen unverzüglichen wirksamen Beistand zu leisten.

4. Einer Hure, die das Bordell verlassen will, um auf ihre eigene Hand Lohnhurerei fortzusetzen, soll dieses gar nicht gestattet werden, und wenn eine Person, die unter dem Vorwande einer zu ergreifenden ehrbaren Lebensart das Bordell verlassen hat, darauf betroffen wird, daß sie auf ihre eigene Hand Lohnhurerei treibt, so soll sie schon um deßwillen dreimonatliche Zuchthausstrafe leiden.

---

*) Die Landesgesetze wollen allgemein Frauenzimmer bis zum zurückgelegten 24. Jahre vor Verworfenheit des Hurenhauses schützen und die Ausländerinnen davon nicht ausschließen. Rescript des Preußischen Polizei-Ministeriums vom 8. April 1824.

5. Damit der Hurenwirth den von ihm gehaltenen Lohnhuren nicht mit unbilliger Härte begegne und letztere Gelegenheit haben, ihre etwaigen Beschwerden bei der competenten Behörde anbringen zu können; so sollen von der Polizeibehörde von Zeit zu Zeit ex officio, und ohne Beisein des Hurenwirths, Erkundigungen angestellt werden, ob die Dirnen gegründete Beschwerden gegen ihren Wirth vorzubringen haben.

6. Es wird den Lohnhuren in dem Bordell ernstlich untersagt, auf der Straße, vor dem Hause und in den Fenstern durch Geberden, Zeichen und Winke die Vorübergehenden anzulocken und zu sich einzuladen, vielmehr muß der Hurenwirth hierüber wachen und solches nicht dulden.

Durch die Polizeidiener wird darauf sorgfältig geachtet werden, und diejenigen, welche hiergegen handeln, haben das erstemal drei-, im Wiederholungsfalle achttägige Gefängnißstrafe bei Wasser und Brod zu leiden. Auch soll der Wirth, der solches nachgesehen oder gar veranlaßt zu haben überführt wird, doppelte Strafe leiden.

7. Der Bordellwirth soll den das Bordell besuchenden Individuen weder Branntwein, Liqueurs oder andere starke Getränke, noch Essen, sondern bloß Thee, Kaffee, Chocolade, Bier und allenfalls ein Glas Limonade, mithin keine erhitzende und berauschende Erfrischungen reichen, auch nicht gestatten, daß starke Getränke und Speisen von den

Hinkommenden mitgebracht oder dahin bestellt und daselbst genossen werden.

Für jede Contravention hat der Wirth 5 Thaler Geld- oder achttägige Gefängniß-, bei Wiederholungen aber geschärftere Strafen, und wenn solche nicht helfen, zugleich die gänzliche Aufhebung seiner Wirthschaft zu erwarten.

8. Später als 12 Uhr in der Nacht darf der Hurenwirth keine Gäste bei sich dulden, oder nach Mitternacht einlassen und aufnehmen.

9. Sind in dem Bordell Diebstähle, Schlägereien oder andere Verbrechen vorgefallen, so ist der Wirth dem Beschädigten, der auf andere Weise zu seiner Schadloshaltung nicht gelangen kann, dafür allemal verhaftet. Auch ist derselbe der Theilnahme an dem Verbrechen selbst so lange verdächtig, als das Gegentheil nicht ausgemittelt werden kann, und wenn es sich findet, daß er zur Verhütung solcher Verbrechen nicht alle möglichen Mittel und Sorgfalt angewendet hat, so soll er nach Verhältniß der begangenen Fahrlässigkeit mit Geld- oder Leibesstrafe belegt werden.

10. Ist eine unschuldige Weibsperson durch List oder Gewalt in ein Bordell gebracht worden, so hat sowohl der Wirth, als der oder diejenigen, die an solchem schändlichen Verbrechen Theil genommen haben, sechs- bis zehnjährige Zuchthausstrafe verwirkt. Ueberdies soll dem Wirthe seine Nahrung genommen werden, auch demselben zu keiner Entschuldigung gereichen, daß er die arglistige Ver-

führung oder gebrauchte Gewalt weder gewußt noch genehmigt habe, indem er keine Weibsperson, wie bereits in §. 2 vorgeschrieben ist, bei sich aufnehmen darf, ohne vorher der Polizeibehörde davon Anzeige gethan und von derselben, nach Untersuchung aller Umstände, dazu die Erlaubniß erhalten zu haben.

11. Ebensowenig muß ein Bordellwirth bei einjähriger Zuchthausstrafe Jemanden, von welchem Stande er sein möge, Gelegenheit geben, mit einer Frauensperson in seinem Hause Unzucht zu treiben, und durchaus nicht gestatten, daß Jemand eine Frauensperson in sein Haus führe und sich darin abgesondert mit ihr unterhalte, oder überhaupt mit andern als den von ihm selbst gehaltenen Lohnhuren sich abgebe. Wie er denn schlechterdings nach dem §. 3 keine Weibsperson als Dienstmädchen, oder unter welchem andern Vorwande es sein möge, unter seine Hausgenossen, ohne vorgängige Meldung bei der Polizei und derselben Genehmigung, aufnehmen und halten darf *).

12. Befindet sich eine Lohnhure in dem Bordell schwanger, so muß der Hurenwirth der Polizeibehörde davon sofort, als solches zu seiner Wissenschaft gelangt, Anzeige thun. Unterläßt er dieses

*) Die Polizeibehörde ist befugt, die Bordellwirthe unter allen Umständen zu zwingen, ihre Kinder außer ihrem Hause auf ihre Kosten erziehen zu lassen. Preuß. Ministerium der Polizei 1. April 1824.

und es erfolgt eine heimliche Geburt oder gar ein Kindermord, so hat der Hurenwirth, bloß der unterlassenen Anzeige wegen, zwei- bis sechsmonatliche Zuchthausstrafe verwirkt.

13. Die Verpflegung einer solchen Person während des Wochenbettes muß die Hurenwirthin besorgen, wenn keine öffentliche Anstalt zur Verpflegung der Wöchnerin vorhanden ist. Es bleibt aber derselben vorbehalten, deren Ersatz von dem Schwängerer, oder wenn dieser nicht auszumitteln ist, von der Mutter selbst, oder aus der Armenkasse zu fordern.

14. Sobald das Kind entwöhnt worden, muß solches der Mutter weggenommen und auf Kosten derjenigen, welche dazu gesetzlich verbunden und des Vermögens sind, sonst aber auf öffentliche Kosten verpflegt und erzogen werden.

Ein Gleiches findet statt, wenn die Mutter im Wochenbette sterben sollte.

15. Wird eine Lohnhure durch Krankheit oder durch unheilbare Folgen derselben gezwungen, die Hurerei aufzugeben, und befindet sie sich in Folge dieser Umstände völlig außer Stande, ihren Unterhalt auf irgend eine redliche Weise zu erwerben, so ist die Armenkasse, nach Vorschrift des Landrechts Th. II. Tit. XIX. §. 15, verpflichtet, eine solche Person, gleich jedem andern Ortsarmen, zu ernähren. Hat eine solche Unglückliche aber wohlhabende oder bemittelte Verwandte, so liegt diesen zunächst deren Unterhaltung ob.

16. Um den häufigen Ansteckungen der Lohnhuren

und wenn solche erfolgen, sowohl der weitern Zunahme des venerischen Uebels an ihnen selbst, als der durch sie entstehenden Mittheilung desselben an die ihnen Beiwohnenden und der weitern Verbreitung zu begegnen, sind der Bordellwirth und die von ihm gehaltenen Huren schuldig, die größte Aufmerksamkeit auf den Gesundheitszustand zu verwenden. Zu dem Ende sollen alle Woche zwei- bis dreimal, und wenn es für nöthig erachtet werden sollte, öftere Visitationen von einem Arzte oder Wundarzte im Beisein der Polizeibehörde bei den Lohnhuren vorgenommen werden, um alles anzuwenden, was zur Vermeidung der weitern Verbreitung venerischer Krankheiten dienlich ist.

Auch sollen die Lohnhuren von den Merkmalen der Ansteckung und überhaupt von den Kennzeichen der venerischen Krankheiten in Kenntniß gesetzt werden.

17. Mit solchen Mannspersonen, welche venerisch sind, oder die Kennzeichen der venerischen Krankheiten verrathen, darf sich keine Hure zum Beischlaf einlassen, sondern muß solche abweisen.

18. Verspürt eine Hure, daß sie angesteckt ist, so muß sie Niemand mehr zum Beischlaf zulassen, sondern sofort sowohl ihrem Wirthe als der Polizeibehörde durch den Wirth solches anzeigen, damit der Kreis-Physikus zu ihrer Heilung requirirt werden kann. Unterläßt sie dies, so soll sie, nach ihrer völligen Heilung, das erstemal mit dreimonatlicher Gefängnißstrafe, im Wiederholungsfalle aber mit sechsmonatlicher Zuchthausstrafe

belegt werden. Hat dieselbe durch Verschweigung ihrer venerischen Krankheit zur weitern Verbreitung dieses Uebels Anlaß gegeben, so soll sie selbst das erstemal mit Zuchthausstrafe auf sechs Monate bis ein Jahr belegt werden. Auch soll der Bordellwirth, wenn er den inficirten Zustand solcher Hure gewußt und sie während desselben an der Fortsetzung ihres Gewerbes nicht gehindert, oder gar dazu angehalten hat, mit gleicher Strafe belegt werden, und überdies die Heilungs- und Verpflegungskosten der von solcher Hure angesteckten Mannspersonen, wenn sie es verlangen, oder solche Kosten nicht selbst bezahlen können, erstatten.

Zu dieser Erstattung soll der Bordellwirth selbst in dem Falle angehalten werden, wenn er den inficirten Zustand einer bei sich gehaltenen Hure nicht gewußt hat, weil solche Verbindlichkeit als eine mit dem ihm nachgelassenen Gewerbe, um des allgemeinen Besten willen, verknüpfte Last und Gefahr geachtet werden soll.

19. Kann dahingegen eine Hure Jemanden überführen, daß er sie durch seinen Beischlaf mit ihr inficirt hat, so soll derselbe auf ihre oder des Bordellwirths Anzeige und Klage nicht nur Unterhaltungs- und Heilungskosten tragen, und zwar so lange, als nach dem Ermessen des Arztes die Hure völlig wieder hergestellt ist, sondern auch mit 50 Thaler Geld- oder dreimonatlicher Zuchthausstrafe belegt werden.

20. Wenn eine Hure ihre venerische Krankheit, ehe

solche entdeckt oder von ihr angegeben worden, in solchem Grade zunehmen läßt, daß nach Erkenntniß von Sachverständigen sie solche schon eine Zeitlang gewußt haben könne oder müsse, so soll selbst dann, wenn sie auch nicht zu überführen sein möchte, Jemand wirklich angesteckt zu haben, dennoch dieselbe dafür angesehen und sofort bestraft werden, als wenn sie ihr Uebel andern wirklich mitgetheilt hätte.

21. Zur Bestreitung der Kurkosten der mit venerischen Krankheiten befallenen Huren soll eine Heilungskasse für dieselbe gebildet werden, aus welcher der Wirth und seine Lohnhuren, wenn diese in das Unglück der Ansteckung gerathen, die Kurkosten ausgezahlt erhalten.

Zu dieser Kasse soll

a. der Bordellwirth monatkich für jede Lohnhure, die er hält, 10 Sgr., und zwar pränumerando auf den folgenden Monat, vier Tage vor dessen Anfang, bezahlen, und dagegen eine den Namen und Geburtsort derjenigen Hure, für welche die Zahlung geschieht, enthaltende Quittung erhalten. Dagegen bleibt es ihm überlassen, bei dem nach dem §. 2 mit jeder Lohnhure von der Polizei schriftlich abzufassenden Vertrage auf diese von ihm wegen derselben monatlich zu leistenden Abgabe mit Rücksicht zu nehmen. Doch soll der Bordellwirth, falls er die von der Lohnhure nach dem geschlossenen Contract ihm zu restituirenden Beiträge längere Zeit als einen Monat hat aufschwellen lassen, auch aus diesem Grunde nicht berechtigt sein, eine solche Person, wenn sie ihre Lebensart ändern und sich auf eine ehrbare Art nähren will, davon, der Vorschrift des §. 4 zuwider, zurückzuhalten.

b. Die monatliche Zahlung dieses Beitrags geschieht an den dazu bestellten Wundarzt, welcher den 4ten Tag nach Eintritt des neuen Monats diese Gelder an den Rendanten der Heilungskasse, gegen eine ihm darüber auszustellende Quittung, abliefern muß, wobei zugleich der Rendant dieses Verzeichniß mit demjenigen Verzeichnisse, welches bei der Polizei über die Bordellhuren gehalten wird, zu vergleichen hat, da dasselbe vollständig und genau übereinstimmend und zur Controle der Heilunsgelder-Einnahme dienen muß.

22. Ueber die Heilungskasse wird genaue Rechnung geführt und aus derselben soll jede inficirte Lohnhure, ohne einige weiter ihr oder ihrem Wirthe abzufordernde Kosten gründlich kurirt und bis dahin nach Vorschrift des Arztes verpflegt werden.

23. Nach Einrichtung des Bordells dürfen die patentirten Huren nicht mehr geduldet werden.

24. Auf die Winkelkuppler und Kupplerinnen, die sich damit abgeben, Manns- und Frauenspersonen, von welchem Stande sie sein mögen, in ihren Wohnungen Gelegenheit zur Unzucht zu geben, muß strenge vigilirt werden, und die sich darauf betreten lassen, sollen nach Befinden mit 6monatlicher bis 2jähriger Gefängniß- oder Zuchthausstrafe belegt werden.

25. Die im Finstern auf den Straßen sich umhertreibenden Gassenhuren sollen durchaus nicht geduldet, sondern, wo sie sich betreten lassen, aufgegriffen und nach ihrer Heilung, wenn sie mit einer venerischen

Krankheit befallen sind, auf 3 Monate ins Zuchthaus, sodann aber in ein Arbeitshaus gebracht werden. —

26. Wer die Geldstrafe nicht erlegen kann, soll mit verhältnißmäßiger Gefängnißstrafe belegt werden.

27. Von den einkommenden Geldstrafen sollen die Denuncianten die Hälfte erhalten, auch die übrigen Geldstrafen bloß zur Belohnung derer, die Contraventionen gegen diese Verordnungen entdecken und anzeigen, angewendet und dazu aufbewahret und berechnet werden.

28. In den Fällen des §. 3, 10 und 11, soweit dabei mit den Contraventionen gegen die Verordnung zugleich ein Verbrechen gegen andere Strafgesetze concurrirt, sowie überhaupt in allen Fällen, wo Zuchthausstrafe stattfindet oder eine Criminaluntersuchung stattfinden muß, steht die Untersuchung und Entscheidung nur dem betreffenden Criminalgericht zu.

Wenn hingegen wider die übrigen Verbote dieser Verordnung polizeilich contraventirt wird, so soll das Polizeigericht in der ersten Instanz erkennen und kann, wie in andern Polizei-Contraventionssachen, dagegen nur Recurs bei der unterzeichneten Königl. Regierung ergriffen werden.

29. Damit Niemand, der von Lohnhurerei, es sei als Wirth, oder als Dirne, Gewerbe macht, sich mit der Unwissenheit der in dieser Verordnung gegebenen Vorschriften entschuldigen könne, so soll einem jeden und einer jeden derselben bei ihrer Einziehung ein Exemplar davon, wofür 7 ½ Sgr. zur Heilungskasse bezahlt werden müssen, eingehändigt werden.